隱修門

明公啟示錄

范明公解讀聖賢家訓

顏氏家訓教子篇

范明公 ———— 著

序言

　　家訓是《明公啟示錄》九大系列中「精英教養學」的一部分。精英教養學包括從懷孕胎兒一直到孩子十八歲，主要講的是孩子的生理、心理方面的發展規律，做媽媽的應該如何養育孩子，能讓孩子在十八歲時身心健康，從而平穩步入社會。

　　教養學，不僅是養，還有教，先養育然後教育。「養」是媽媽的職責，而「教」可就是爸爸的責任了，即所謂「養不教，父之過；教不嚴，師之惰」，孩子從三歲起，父親就得有意識開始進行家教了。家教教什麼？作為父親，孩子三歲以後只需管好兩件事，第一是安全，第二是規矩。具體要怎麼做，聖賢家訓中有一整套的理論及方法，而我將從《顏氏家訓》開始講起。

　　《顏氏家訓》是中華第一部成體系的、完善的家訓，把儒學經典應用在教育孩子上，從而教孩子怎麼做人做事，是經典的落實。此後的家訓，比如朱熹的家訓、朱柏廬的《治

家格言》、曾國藩的家訓，都是在《顏氏家訓》的基礎上形成的。從顏之推開始，中華的精英階層逐漸形成了一種風氣，一種貴族大戶家家有家教、有家訓的風氣，這對整個中華的發展壯大是非常重要的。

本書並非是對家訓的逐句解釋，而是根據家訓的內容延伸出去，融匯心理學、腦神經科學、量子物理學以及儒釋道經典，跟現實直接關聯，能夠落實。自己看家訓，好像能看明白，但其實如果理不通，也很難解讀得清楚。本書會從各方面盡量多的角度、盡量深的層面解讀，把東西方的知識和智慧綜合起來，讓你知其重要性，讓你知道應該怎麼做，以及為什麼要這麼做。

孔子說自己七十歲時的領悟：「從心所欲不踰矩。」「從心所欲」是指心裡隨心所欲，「不踰矩」是有禮有矩、有教養。我們首先得是一個有教養的人，注重自己的細節，然後傳給孩子，改變孩子。從我們這一代開始，形成自己的家風、家訓，然後一代代傳承下去，我們的家族才能繁衍生息，才能真正興旺發達。人之一生，尤其是作為一個父輩男人，培養好自己的子女，才是真正的、最大的事業。

目次

第一章
有感而發講家訓

　　為什麼要講家訓，其實是有感而發，看到社會上好多現象，出在孩子身上，孩子到了青春期或者工作以後，各種家庭不和、工作不順，跟父母的關係、跟同事的關係、和主管的關係處理不好。這是中國現在非常普遍的現象，當我看到這些現象的時候心裡很痛。

　　可以這麼說，我們這一代從某種意義上來講，差不多是「廢了」的一代，甚至不只一代，很痛心。天天講民族、國家的興起、崛起，憑什麼崛起？是讀幾本經典，研究一下《易經》、《論語》，研究一下上古的智慧，學一學玄學，學點顯學、心法，信佛、崇道，還是學儒學就能夠崛起了？不是那麼回事。

　　現在的問題是，年輕人不知道怎麼做人，不知道怎麼融於這個社會，這是最大的問題。家長的眼睛、整個社會的

眼睛都盯著孩子學習好不好，都盯著孩子是不是上重點幼兒園，是不是明星小學，是不是明星高中，是不是重點大學，最後拿一個什麼樣的文憑。

對父母來講，孩子只要拿到重點大學的文憑就行了，這輩子就對得起這孩子了，後面孩子怎麼樣跟我就沒有關係了，他已經長大成人了。我這一生含辛茹苦的，孩子大學畢業了，之後成家立業那就是他自己的事了，我已經完成任務了。中國的父母「廢掉」下一代，就是這麼來的。

會養孩子，但是不會教孩子，從小就沒把他領到正路上。一天就知道學習，就知道考試的分數，就知道要一個文憑，天天給他灌輸這個概念，結果怎麼為人處世，孩子完全不懂。家有家規、國有國法，企業、社會都有它的規範，孩子什麼都不知道。

不僅是我們的孩子，包括我們這一代，甚至我們的上一代都不知道。做人之後才是做事，做事能否成功，其實代表著你做人成功不成功，做人是做事的基礎。聖人一再告訴我們，三不朽的事業，第一是立德，立德就是做人，第二是立功，第三才是立言。

做人很成功是立德，做事很成功是立功，成功不是短暫的，而是長久且能夠傳承下去的。不僅把事業傳給了我的孩子，更把我的思想、把我對宇宙自然的認識、把我做人做事的經驗傳給孩子，比如如何立足於社會，在社會中有價值，如何在正確的價值觀引導下，讓事業興旺發達而且長久。

　　事業的興旺發達、長久，一定是建立在做人到位的基礎上。如何把這套東西傳下去，把思想觀念、人生感悟和經驗傳給子孫，這叫立言。人生在世，立德、立功、立言，這是我們追尋的目標，這是聖人給我們指出的三不朽方向。

第一節
養不教，父之過

　　講這門課其實我猶豫了很久，真的不想講，因為太扎心了。「老師，家訓有什麼扎心的？」太扎心了，這門課可不好講，一般人也講不了、不敢講。我這是冒天下之大不韙，我不怕你們罵我，我來講這門課。

　　我願意講《壇經》，願意講《易經》，你們也願意聽。《壇經》是心性，《易經》是玄學，坐而論虛，張嘴談玄，我願意講你也願意聽，虛虛乎乎、忽忽悠悠、玄來玄去、不落實處。

　　我講《壇經》的時候，大家聽得心花怒放，人人都覺得自己是上上根，一念就要成佛了，開心得很，我講得也開心，大家也都歡呼雀躍喜歡聽。我講《易經》的時候，大家就覺得自己好像已經可以運籌帷幄了，陰陽五行盡在掌握之中，馬上要成仙了，高興、開心，講得也開心，聽得也開心。但是別落到實處，落到實處就不是開心了，落到實處就

該扎心了。

　　我是冒天下之大不韙來講家訓，這不是主流，甚至和現在的潮流趨勢背道而馳，好像把古代的東西、封建社會的東西拿出來，要給孩子們「上枷鎖」，和現在民主的空間、自由的人性、人人平等的理念是相違背的。

　　大家現在都覺得挺好，兒子跟父親、爺爺像哥兒們似的，到單位跟主管也像哥兒們似的，勾肩搭背、把酒言歡，關係處得很好，整個社會皆大歡喜。

　　可是真的是這樣嗎？為什麼這麼有能力，重點大學畢業，到社會上摸爬滾打那麼多年，業績做得一直很好，但就是不能升遷，就是不被提拔？天天覺得好像跟同事、跟主管的關係很好，混得很圓滑，但就是不被提拔，為什麼？老婆為什麼離開你？孩子為什麼叛逆，為什麼有不正常的行為？你都不知道，總覺得是別人的問題。

　　家訓這門課可不簡單，聽這門課還是需要一點勇氣的，尤其是有孩子的父母。這門課是給誰講的？第一是給我的弟子講的，不是給普羅大眾講的，如果沒有點思想觀念被顛覆的承受能力是聽不了的，沒有改變的決心也聽不了這門課。

或者你的思想全盤西化，就覺得西方好，中華的東西不好，這門課你也聽不了。這是第一，給弟子講的，我的弟子必須得有勇氣面對。

第二，這門課是給爸爸講的，爸爸要聽這門課。家訓是我「精英教養學」的一部分，精英教養學已經出了四本書，寫了從懷孕一直到十八歲，孩子心理發育和身體發育的整個過程，主要講的是如何養育孩子，他的生理、心理方面的規律是什麼，做媽媽的應該怎樣更好地養育孩子，能讓孩子在十八歲時身和心都是健康的，從而平穩步入社會。

教養學、教養學，不僅是養，還有教。教，指教化、教育，先養育然後教育，光養育不行。種了樹，只知道給它澆水、施肥，讓它接受陽光照耀還不夠。這棵樹長成什麼樣子，你還得為它負責。你把這棵樹種下又把它養大，這是養，而它長成什麼樣子，這就是「教」。

它有可能分出一個枝杈來，如果這樣長下去，樹就歪了，這就需要剪掉這根枝杈。這棵樹追逐陽光，一直向著太陽長，可能會長歪，你需要在它小的時候把它扳直扶正，這就是教。養和教缺一不可。養是媽媽的職責、媽媽的任務，

而教可就是爸爸的職責了，所以說，「養不教，父之過；教不嚴，師之惰」。

學過心理學、育兒學、教養學的讀者們，一般會有一種認識，孩子不能要求太嚴格，否則孩子會壓抑，心靈會受傷，受傷以後就不自由了，腦神經連接就不好了，長大以後會唯唯諾諾的。那怎麼辦？難道就放縱孩子，什麼都不管，任其玩耍，任其發洩情緒？

我發現我的好多弟子在走這個極端。以前沒學教養學的時候，覺得對孩子要嚴厲，得管孩子，是控制型的父母，什麼都控制，穿什麼衣服、背什麼背包，必須得學什麼東西；學了教養學之後，覺得控制不對，不應該控制，否則孩子會有問題，然後就變成了放縱型的父母。

這一下放開，孩子可自由了，天天打遊戲，玩得不亦樂乎，晚上不睡，早晨不起。父母不斷告誡自己，可千萬不能變成控制型的父母，對孩子是有傷害的，要讓孩子自由，結果一下子變成了放縱型的父母。

如果你一定要成為放縱型父母或者控制型父母，如果一定要走極端任選其一，那不如就當一個控制型的父母。放縱

型的父母，尤其是放縱型的父親，對孩子的危害更大。如果你是放縱型的父親，就意味著你把孩子的一生都害了，別推卸責任，別覺得聽了老師的課以後，不能當控制型的就一切都放縱。

讓孩子自由發揮、自由成長，美其名曰讓孩子有個性，保護他們的天性，讓他們自由發展，那是西方的東西，不是咱們中華的智慧。自古以來，中華從育兒這個角度來講，都是有鬆有緊、有威有慈，絕不是一味放縱，也絕不是一味嚴厲、壓制。養不教，父之過，父親是應該來聽這門課的。

之所以扎心，是因為當你聽了這門課以後，反觀孩子的成長過程，會發現有太多地方沒有做到位。現在中國沒有幾個父親知道應該怎麼做父親，像我這一代，從小怎麼長大的呢？我的爺爺是在什麼樣的社會大環境下，帶著我的父親和我成長的？

這一百年來，中華的大環境導致了我們這幾代人，真的都不知道是怎麼長大的，不知道哪個教育方向是對的，只是憑感覺去帶孩子。整個社會在孩子教育方面，沒有一個成體系的導向，這是一個大問題。

像我這一代從小受的教育，大公無私、向雷鋒學習、捨己為人，這有錯嗎？沒有錯。但是我們成長的路，對孩童的教化之路，絕對不僅僅只是這些碎片，這些更傾向於向政治的方向發展。可是怎麼做人，怎麼與人溝通，我的生活方式、生活模式應該是什麼樣子的，我應該養成什麼樣的習慣，最後形成什麼習性，並不清楚。

　　這是一整套成體系的東西，從來就沒有人教過我們，我們都是摸著石頭長大的，自己去看書，看書以後自己理解。我們的父輩也不可能教我們這些，因為他們也沒有學過，他們生長的環境更艱苦，能吃飯就不錯了，能活著就不錯了，怎麼教我們這些東西？

　　現在的中國人變成了什麼樣子？做人不知道什麼是底線，不知道什麼是標準，不知道怎麼做人才對。現在的共同認識是，只要不犯法，願意幹啥就幹啥。你要說我不對，你告我去。法官判我錯了，那該罰就罰，該判就判；如果法官沒判我錯，憑什麼說我不對？

　　但是我們得要知道，法律是人性最後的底線，如果我們把法律當成為人做事的標準，那就低到已經不能再低了。

中華是泱泱大國、禮儀之邦，可是現在除了錢，我們還認識什麼？現在評判人的標準，是看你有沒有賺錢的能力，是不是住別墅、開豪車。在中華的歷史上，商人的地位從來就沒有這麼高過，所以才導致了造原子彈的不如賣茶葉蛋的。這應該嗎？正常嗎？我們還有風骨嗎？現在還講高尚的氣節嗎？有高尚氣節的人，有骨氣、有風骨的人，在中華古代比比皆是，任何一個朝代都是，但是現在呢？

　　現在，人與人之間的關係多麼混亂，我們甚至不知道如何打招呼，男人如何稱呼，女人如何稱呼，都不知道。以前叫同志，現在「同志」沒法叫出口，它有別的含義了。稱呼女士「小姐」不可以，叫「大姐」得挨揍，叫「阿姨」也挨揍，叫「大媽」更挨揍……，不管多大歲數，為了安全起見，都叫「老妹」、「妹子」，這才安全。

　　兒子、女兒對父親直呼其名，到單位對主管直呼其名，自己還覺得很順嘴，因為西方都這樣，這是平等。還知道什麼叫禮數嗎？先不說規矩，現在連最基本的禮都沒有了！其實，很多人都已經感覺到哪裡不對了，但就是搞不清楚到底哪裡不對，肯定是不對，卻不知道到底哪裡不對，這是一個

社會問題。

　　這個社會問題能不能糾正？我其實是很悲觀的，不好糾正。因為並不是有一、兩個人能把這個理講明白，整個狀態就能扭轉過來，不是那麼簡單，它是一種社會現象。況且我們中國人基本上已經全盤西化了，認為西方的一切都是好的。

　　西方不是強調民主、強調自由、強調平等嗎？民主、自由、平等，首先要體現在家裡吧。現在的孩子為什麼管不了？作為家長、作為父親為什麼管不了孩子？是不是孩子都有了民主、自由、平等的思想，怎麼管？你以為孩子才上小學還不懂事，但人家會告訴你：「我也有人權，我也是獨立的人，雖然你是我父親，你照顧我生活可以，但你不能管我的思想，不能限制我！」

　　現在是不是家家都這樣？做父親的也很無奈。孩子越反抗說明越有個性，可能反而還會受到表揚。以前大板子照著屁股就打下去了，現在你敢嗎？你敢打，我就報警。話說回來，現在在中國，父親打孩子還沒什麼，如果在西方你試試能不能打。

我在德國的時候，有一個中國朋友在德國開中餐館，兒子十幾歲，反叛的厲害。讓他放學以後到中餐館幫忙幹點活，說這是雇用童工，不行。教他怎麼做人，告訴他什麼應該做、什麼不應該做，不行，要民主，要平等。

　　動也動不得，罵也罵不得，一整孩子就報警，把他爹氣得直嚷：「等放暑假的時候回國，我打不死你！」當爹的就盼著放暑假，把孩子帶回國，先一頓暴打，「你告去！」爺倆就是這種模式，父親年年盼著放暑假，兒子害怕放暑假。

　　「老師，到底應該怎麼辦？難道要打嗎？應該這樣嗎？這不是暴力嗎？」其實不是，中華老祖宗的家教是真的有智慧，那叫立威，是勢，而非真打。誰真的能捨得下手打自己的孩子，但是得讓他害怕，得讓他知道什麼對、什麼不對。

　　如果你一味地對他和顏悅色，看到他不守規矩也不去說，反而還表揚他、鼓勵他，那是什麼爹呀？有一句話「慣子如殺子」，對於孩子，如果一輩子寵他慣他，還不如殺了他，因為等他進入社會，真的會危害一方。現在有多少孩子長大以後對社會造成危害，都是教化不嚴的後果。

　　不說人，如果要訓練動物，一味地給牠好吃的，能訓成

嗎？是不是得一手拿著鞭子，一手拿著好吃的？聽話，給牠好吃的；不聽話，就給兩鞭子，你看能不能訓成。連老虎都能訓成，何況孩子。

「老師，為啥要訓孩子呀？」是要讓他成為對社會有價值、有貢獻，真正走正道的孩子，不訓能行嗎？現在我們並不是說打孩子、對孩子太嚴厲了，不是的，而是整個中國都在寵愛孩子，都在慣孩子。

看一下公共場所，不管什麼公共場所，孩子們都大呼小叫、四處飛奔，家長在一旁看著還笑。我們現在還有沒有一點規矩？飯桌上，不管什麼人在場，孩子就在那兒鬧，父母看著還笑，這種情況比比皆是。天天談經典、談文化、談文明，如果連做人最基本的規矩和禮節都沒有，還搞什麼文化！

現在中國人有錢了，可是為什麼外國人瞧不起咱們？我在俄羅斯待過，在德國待過，也在新加坡、泰國待過，我深深地知道外國人瞧不起咱們。不是因為你有幾個錢，人家就瞧得起你，要看你的行為規範，看你在道德上能不能做出表率。這裡我們不談道德，太高；也不談修行，人都做不好、

做不明白，還修什麼？

我的課是越講越低。剛出山的時候講《壇經》，後來發現不落實，不行，然後往下降，開始教術，教《鬼谷子》、《韓非子》。現在看還不行，降得不夠，術也得有基礎，於是改講蒙學（兒童的啟蒙教育）了，講怎麼教孩子禮規了。我出山之前，從來沒想到自己居然還能講蒙學，但是沒辦法，家教都做不好，何談往上學？真的很痛心。問題是，現在的中國人需不需要學蒙學，需不需要從這兒開始學？

如果你的孩子剛出生，作為媽媽你知不知道怎麼養孩子，作為爸爸你知不知道怎麼教孩子？如果連這些都不知道，生了孩子是多麼可怕的事情。

我們多希望孩子長大以後能忠孝，為人能走正道，但如果作為爸爸，你連怎麼教孩子都不知道，多麼可怕，萬一教出一個道德敗壞的孩子來呢？你的孩子將來給社會帶來的是負面影響還是正面影響，對社會是有危害還是有價值、有貢獻的，你心裡都沒有底，這多可怕。

家訓這門課是對弟子和有緣人講的，學家訓要做好心理準備。看到這裡，有的讀者可能已經開始扎心了，因為之前

沒想過這個問題。做好心理準備，首先要轉變一個觀念，那就是西方的一切不見得都是對的。如果你覺得西方一切都是對的，覺得西方是非常自由、非常民主、非常平等的，那還是別學這門課。

我接下來要講的內容，不是建立在你所認為的自由、平等和民主的基礎上的。如果你覺得西方社會是民主的、自由的、平等的，那說明你只看到了它的其中一面。西方社會的本質是不平等的，它是最有等級的；你看到的民主，並不是真正意義上的民主。

如果你覺得西方社會是民主自由的，西方的孩子是自由自在的，完全放縱，完全發展個性，這樣才是對的，如果你這樣想，那這門課就不要學了。

第二節
蒙學是祖先教化體系的基礎

　　中華祖先在教化、教育方面有一整套完善的成熟體系，我們稱之為教化體系，自周之初就已經開始了，從胎教一直到蒙學，然後是小學、大學。周初距今已有三千年，那時已經有一整套教和養的體系，且實行了兩千九百年，一直未曾間斷，直到近百年才斷了。所以，我接下來要講的內容並不新鮮，只是現在的中國人聽著很新鮮。

　　周初時的古籍裡就有記載，女人懷孕的時候應該怎麼做，孩子三歲以後應該怎麼教、教什麼，七歲上了小學應該怎麼教、教什麼，十五歲上大學教什麼，弱冠之年不到二十歲，就可以做官去了。這一整套教化體系的基礎就是蒙學、童蒙學。

　　蒙童是指三歲以上的孩子，從孩子三歲起，父親就得進入角色了。媽媽把孩子養到三歲，孩子開始出現第一次叛逆，第一次叛逆的對象就是媽媽，反抗媽媽，討厭媽媽。三

歲之前給他穿衣服、戴帽子，孩子很聽話；到了兩歲半至三歲的時候，就開始推媽媽，不要媽媽，要反抗媽媽了。

　　這個標誌性的時期一到，父親要有意識開始教育你的孩子，男孩女孩都一樣。討厭媽媽是非常正常的，推媽媽、反抗媽媽非常正常，這個時候就要開始教化孩子，進行家規的教育，俗稱家教。

　　什麼是家教，怎麼進行家教，教什麼？記住，作為父親，孩子三歲以後你只需管好兩件事，第一是孩子的安全，第二是規矩。當然，母親要管好孩子的衣食住行、孩子的心情，要跟孩子多溝通。

　　《明公啟示錄：范明公精英教養學》中寫到，這個階段母親要開始對孩子延遲滿足了，但是當孩子有情緒的時候，要及時跟孩子在一起，既要即時滿足，又要延時滿足，這是媽媽要做的事情。我們在這裡不談媽媽，只講爸爸要做什麼。媽媽要做的事情，可以看《明公啟示錄：范明公精英教養學》那四冊書。

　　孩子長大以後能否自律，能否有堅韌不拔的精神，做事情能否專注，他的情商如何，自信度如何，都是童蒙時期

爸爸給的。爸爸在孩子三歲左右的時候進入狀態，開始給孩子立規矩，教孩子坐有坐相、站有站相，怎麼說話，什麼表情，怎麼與人相處，見長輩如何打招呼，面色要誠敬，不能嬉皮笑臉。

吃飯有吃飯的規矩，睡覺有睡覺的規矩，念書有念書的規矩，玩耍有玩耍的規矩，與人接觸溝通的時候，要有接觸和溝通的規矩，這些在孩子三歲時就得開始教了。

要不然什麼時候教呢？孩子都二十了，怎麼吃飯，平時怎麼坐，怎麼站，怎麼跟人打招呼，怎麼與人相處，你教過嗎？現在的問題是，做爸爸的都不知道，都沒學過，還怎麼教孩子，這是咱們中國人最悲哀的地方。

「老師，我想教孩子，第一，我不知道應不應該嚴厲地教他，應該嚴厲在哪方面？在哪方面對孩子應該有慈愛，在哪方面應該有威嚴呢？」首先，方向性不明確。

「第二，就算我方向明確了，也不知道該教什麼，我自己也不知道如何做，沒人教過我。」結果孩子長大以後，坐沒坐相、站沒站相，自己的表情怎麼控制都不知道，在什麼場合要莊嚴肅穆，在什麼場合可以喜笑顏開，在什麼場合需

要安靜，在什麼場合需要誠敬，不知道。

孩子長大以後進入社會，遇到和公司同事出去吃飯時會很尷尬，不知道應該坐在哪兒，不知道如何跟主管打招呼、跟同事打招呼、跟下屬打招呼，跟主管一起走路都不知道該怎麼走。

這樣的孩子還是好的，還知道在酒桌上不能亂坐，雖然他不知道應該坐哪兒，但起碼他知道不能亂坐；跟主管在一起走路，他還知道應該跟主管保持距離，說話的時候應該注意分寸，表情應該要注意，主管說話的時候應該怎麼看主管，在什麼時候應該說什麼樣的話，他還知道有些規矩是自己不知道的。

多少孩子進入社會之後，完全沒有規矩的概念，跟主管嘻嘻哈哈，還覺得跟主管就像跟自己爹似的，摟脖子抱腰；到飯桌上主管還沒入座，自己先坐下了，找一個風景好的地方自己先坐了，恨不得上菜之後等主管給他夾菜；跟主管一起走路的時候，把主管擠外頭，自己走裡頭；聽主管發言的時候，斜著眼睛看……，現在是不是經常會遇到這樣的孩子？

為什麼要講家訓，因為實在是看不下去了，我發現身邊全是這種情況，不知道應該怎麼做人，最基本的規矩都沒有，還學什麼經典，彈什麼古琴？所以我開這門課，早就做好了挨罵的準備。沒人願意聽真話，誰都願意聽「我家孩子好，我家孩子最優秀」。

　　聽了這門課以後你發現，不是孩子不懂規矩，是你自己都不懂規矩，都不知道怎麼做人，你會是什麼心情？還不得恨死我？誰把真相揭露出來了，你就會恨誰，這是人性。如果不講這門課，大家不知道真相，還都挺安心、挺開心的，渾渾噩噩、忽忽悠悠、開開心心的，幾十年過去了，覺得自己挺有成就呢！

　　為什麼要告訴大家真相？因為我們還有點希望，還有點願望，希望中華真正能夠恢復漢唐的禮儀之邦，中華要復興、要崛起，我們總覺得這一代好像擔子挺重的，所以有時候難免有些不自量力、憂國憂民了。我不知道講這些有沒有用，但是我覺得應該講。

　　我要教爸爸們《朱子家訓》，教你們當你的孩子三歲時應該教他什麼，這就是蒙學。

「老師，我孩子都過了三歲了，已經七歲了，已經十歲、二十歲了。」沒關係，你先學，自己學好了還有孫子，學了以後就知道你的孩子現在為什麼這樣了。別以為孩子有個性就好，覺得孩子應該跟自己平等，應該讓孩子自由發展，放下吧，你要盡到做父親的職責。

《朱子家訓》，首先要弄清楚朱子是誰。歷史上《朱子家訓》有兩個版本，一是南宋末年朱熹的家訓，朱熹是儒學一聖，他的家訓被稱為《朱子家訓》；另一個是朱柏廬，他的家訓也被稱為《朱子家訓》，後人經常搞混。這兩個家訓都挺好的。

朱柏廬的家訓只有 30 句，522 個字，讀起來朗朗上口，特別適合教蒙童。朱熹的家訓針對大一點的孩子，七歲以上的，朱熹的家訓細節很多，告訴你怎麼做人。朱熹還著有《童蒙須知》，共五篇，內容非常好、非常細，告訴你如何制定家規，應該從哪方面教育孩子，讓孩子守哪方面的規矩，也相當於家訓的一部分。

中華的第一部家訓是《顏氏家訓》，是南北朝時期的教育家顏之推留給子孫的家訓，一共七卷二十篇，內容很多，

告訴你怎麼做人，怎麼思考，涉及各方面，適合十五歲以上的孩子。

「聖賢家訓」是一個籠統的題目，把中華歷史上典型的家訓集中到一起，如果能一直講下去，我會按照如下順序來講：第一，《顏氏家訓》的《教子篇》，這是專門講父親對孩子的教化，應該是什麼樣的態度，講大方向的，這一篇講得非常好。作為一個父親，孩子三歲了，你應該從哪方面去教育他，對待孩子的教育，作為父親應該存什麼樣的態度，這是第一篇，從這兒開始學起。

《教子篇》學好了以後，學朱熹的《童蒙須知》，內容很細，孩子怎麼站、怎麼坐，怎麼跟長輩相處，怎麼吃飯、怎麼睡覺，作息時間應該如何等等，朱熹列得非常詳細。作為一個父親，如果孩子正好三歲左右，你聽了這門課一定會受益終生，你就知道怎麼教育孩子了。

《童蒙須知》學好了之後，我們再學朱柏廬的《治家格言》；之後，再學朱熹的家訓；然後，回過頭來再繼續學《顏氏家訓》。《顏氏家訓》是中華的第一部成體系的家訓，也是最完整、最成熟的家訓。

當我們把這幾部家訓學好了，心裡就有數了，就知道現實中自己為什麼不順了，就知道孩子為什麼是那樣的了，就知道孩子為什麼不幸福，自己為什麼不幸福了。自己的事業為什麼總是不順、總被人整，為什麼大家都不喜歡你、不待見你，有好事也不找你？因為你無禮。

　　什麼是無禮？禮在哪兒？禮從規矩中來，沒有規矩、不懂規矩就是無禮。平時你總是面帶微笑，總在那兒笑，無意間可能就得罪人了。比如主管發表重要講話的時候你微笑，主管會覺得你是不是在笑話我呢？自己的表情管理不好，眼神不會控制，都可能會得罪人，問題是你不知道這些，沒有人教過你。

　　學家訓學規矩，首先要從態度開始。我應該是什麼態度？應該始終保持一種誠和敬的態度，不管跟什麼人在一起，我都保持誠和敬。態度端正了以後，才是各種規矩的學習，怎麼走路、怎麼吃飯、怎麼睡覺、怎麼和人說話……等等。

　　「老師，這不都是封建的禮教、臭規矩嗎？」臭規矩？就是因為你不懂這些「臭規矩」，你在社會上才會吃不開。

為什麼別人不待見你？你喪失了多少機會？如果不趕快學這套東西，趕快把這套東西教給孩子，難道想孩子以後在社會上跟你一樣嗎？都說細節決定成敗，你以為這只是對產品而言嗎？產品的細節決定了產品的成敗，那人是不是也是一個產品呢？說要光宗耀祖、功成名就，憑什麼？你有細節嗎？

有一句話「別做有文憑沒教養的人」，這話多扎心啊！現在整個社會都在奔文憑，可是進入社會之後，是文憑重要還是教養重要，真的要搞清楚。

想讓孩子成功嗎？那就從三歲開始，按照中華聖賢成熟的教化體系來教化你的孩子，孩子必將因此而受益終生。這是我要開這門課的目的，能有一個孩子因此而受益，我的心就安了，我希望我的弟子修行的第一步，是讓自己成為有教養的人。

孔子說：「從心所欲不踰矩。」

「從心所欲」是指我們心裡隨心所欲，「不踰矩」是有禮有矩、有教養，教養之後才是修養，修養之後才是修行，然後才能找到所謂的真我。哪有一個修行人沒有教養呢？天天談修行、談修真，連人都沒修好，還修什麼真？我的弟子

首先得是一個有教養的人，注重自己的細節，然後傳給孩子，改變孩子。從你這一代開始改起來，形成你的家風、家訓，然後一代代傳下去。當你有了家風、有了家訓，你的家族才能繁衍生息，才能真正興旺發達，這是根兒。

這門課非常非常重要，極其落實，又特別扎心。每個人都覺得自己是有教養的人，不學不知道，一學嚇一跳，發現自己怎麼這麼沒教養，怎麼就沒有好好教孩子呢？扎心也得學，早晚得學，你這一代不學，下一代也得學。這些學不好、教不透、用不好，再有文憑也沒用，永遠上不了階層的臺階。

在古代，禮規是帝王將相、貴族士大夫必須得懂的，不懂這些永遠都不可能跨入那個階層。這難道不重要嗎？不管是為自己考慮還是為子孫考慮，都好好學這門課吧，這是最落實的東西。

上述講的，是學習家訓的重要意義。

第二章
有禮有節過大年

　　小年已過，馬上就要過大年了。在講《顏氏家訓》之前，先跟大家聊一聊過年期間的一些基本禮儀，這還是挺重要的。

　　孩子三歲以後，就要對他進行家規訓練。家規包括各方面的內容，比如孩子的坐相、站姿，孩子的言行舉止，要從各方面規範他，與人的互動，包括與長輩的互動、平輩之間的互動、與更小的小輩的互動，我們都要教給他。

　　中華民族是最講究禮節的，一直以來都是禮儀之邦。可能現在很多人會說，古代中國人的禮節特別繁複，人與人之間好像不真誠，假惺惺的，有些虛偽。我們差不多從自由、民主運動之後，就把這些禮儀禮規當成封建殘餘，當成四舊破掉了。好像中國人從繁複的禮節當中解放出來，不講究那些東西，真誠的對待對方就行了。那些禮節、禮規等繁複的

東西都是僵化的、固化的、不好的東西，要把它們扔進歷史的垃圾堆。

近百年來，中國人在反對所謂封建禮教的背景下，把古代流傳下來的禮儀、禮規全都廢掉了，不管是在國內還是國外，我們都會發現一個問題，中國人真的不知禮、不懂禮。現在的中國人不管走到哪裡，都高聲說話，吃沒吃相、站沒站相、坐沒坐相，到國外之後，我們自己人都看不過去，都覺得丟臉。

像我這個年紀或者比我年輕十歲、二十歲的人，差不多都已經不知道到底應該有什麼禮，到底應不應該遵從禮了。我們要不要遵從所謂的禮，即使知道應該遵從禮，但是對於到底應該遵從什麼禮，什麼禮是現在可以遵從的，什麼禮是糟粕，是應該推翻的，全都是懵的，甚至對於要不要有禮、應該不應該有禮，都是懵的，這才是我們中國人現在最大的問題。

第一節
章服之美 禮儀之大

　　為什麼中華有著上下五千年的文明史，其實不僅僅是上下五千年，夏商周之前，黃帝之前也有文明。

　　什麼是文明，文明從哪裡開端，從哪裡體現？我曾經跟大家講過，《春秋左傳正義》裡有這樣一句話：「中國有禮儀之大，故稱夏；有服章之美，謂之華。」章、服、禮、儀，因為有了這四樣，我們才不同於蠻夷，才稱之為華夏，這才是中土的文明，是神州大地。

　　中華一直以來都是世界文明的祖先，幾千年來四海歸心，全世界各族人都歸心於華夏，最重要的原因一是章服之美，一是禮儀之大，這是文明的象徵。

　　「章」，文章的「章」，指的是我們的語言和文字，非常的優美，而且歷史極其久遠。上古的時候我們就有美章，文章之美、語言之美，以《詩經》為代表。《詩經》中的詩是從上古時期流傳下來的，周初曾進行了一次國家層面的搜

集，到了孔子的時候又再次搜集，並進行了刪減，從一萬多首詩刪減到 305 首，以此編撰成冊，形成了《詩經》。

我們現在讀《詩經》，「窈窕淑女，君子好逑」，隨便拿出一首詩來，語言都非常美。不僅僅是《詩經》，還有《尚書》、《周禮》、《禮記》，這些文章讀起來都朗朗上口。如果用當時的雅言，也就是夏、商、周的官方語言來讀《詩經》，那得是多麼優美。

雅言共有九調，現在的普通話只剩四調。在四、五千年以前，四個調的語言是蠻夷的話，說出去特別直、特別粗魯。現在的普通話我們自己聽著好像挺好聽，其實粵語比普通話好聽，還有上海話。粵語和上海話都是五個調，而普通話是四個調，少調語言就不夠委婉，不動聽。想像一下，上古雅言有九個調，那得是多麼優美動聽。

「華服」，自古以來中華對服裝就特別有講究。中華的服裝、服飾在穿戴上，既符合天地的運行規則，又能夠把我們的精神面貌淋漓盡致地展現出來。中華傳統髮型服飾是束髮右衽，漢服都是右衽的，現在中間繫扣是跟西方學的，我們的傳統服裝不是這樣的。

束髮，不可以經常剃頭，除非是方外人士，剃掉煩惱絲。髮膚皆是父母所賜，不能輕易損毀，一般頭髮都束起來，高冠束髮，華服美章。現在這些都沒有了，都向西方學了，老祖宗的東西基本都丟得差不多了。

華服美章，禮儀之大，所以我們稱之為華夏，「禮儀之大故稱夏」。中國人最講究的就是禮，我們的禮無處不在。古代的禮有「五禮」，包括吉禮、凶禮、軍禮、賓禮、嘉禮，中國人是最講究禮的。「儀」是什麼？不僅僅是儀式、儀軌，「禮」這一個字就代表著儀式、儀軌，「儀」指的是我們的內涵內在，叫「五禮四儀」，五禮是按照使用的場合來說的。

再說說日常的禮，比如見面禮，也就是拱手禮。雙手合抱，男士左手在外，女士右手在外，男士左為尊，女士右為尊。見面的時候大家互相拱手行禮，已經有幾千年的歷史了，周朝之前就已經有拱手禮了。

孔子《論語・微子》中有一句「子路拱而立」，子路站在路邊，老師過來，子路拱手向老師行禮。我們的拱手禮已經幾千年了，也就是近百年左右，才變成了西方的握手禮和

擁抱禮，這完全不符合中華的智慧體系。

　　疫情出現以後，我們都不知道如何行禮了，握手不敢，怕傳染，擁抱就更不敢了，不敢有身體接觸。現在來看，老祖宗是有大智慧的，他們行禮的時候是沒有肢體接觸的，雙手合抱，自成方圓，以我為尊，同時又尊重對方。以鞠躬的角度不同顯示等級，有尊有卑、有高有低。

　　現在不是要探討應不應該有禮的問題，必須得有禮，尤其要恢復中華的古禮。儘管五禮中的每個禮看起來都很繁複，但這麼繁複的禮，我們卻用了上千年，因為「禮」包含了太多的東西，「禮」同時又是帝王學非常重要的組成部分。組織管理是一大門學問，如果想要管理到位，想要萬眾一心，一定得從「禮」抓起。

　　如果你是公司老闆，希望公司管理到位、內部團結一致，應該從哪裡入手呢？不是從部門分工開始，不是從把責任權利界定到位、有獎有懲開始，所有的管理一定是從「禮」開始。

　　同樣的，如果希望家庭和睦、長幼有序，也是一定要從「禮」開始。長輩有長輩之禮，平輩有平輩之禮，小輩有小

輩之禮，從這兒開始抓起。從孩子兩歲半至三歲開始，就要教他們家訓、家規。《顏氏家訓》這些內容看起來好像只是道理，而我們不僅僅要知道道理，還得知道具體怎麼做，本章就著重講講具體怎麼做。

過年的時候，親友相逢、相聚，正是家規、家訓真正落實的時候，正是教孩子的好時候。平時大家很少見面，孩子放學以後就寫作業、補習，基本沒有其他事情，很難跟親人相聚。但過年期間，每個家族都會相聚，長輩、平輩、小輩都在一起，我們就從這兒把禮儀、家規灌輸下去，開始落實。

盡量推行拱手禮，不管是見到平輩還是長輩，雙手合抱鞠躬，男的左手在前，女的右手在前。平輩之間彎腰 30 度；如果見到長輩，彎腰 60 度；長輩對小輩也是一樣行拱手禮，彎腰 30 度。以後大家見面都行拱手禮，逐漸適應，會覺得對彼此都很尊重，非常舒服。

現在人們見到長輩或者主管時，不知道怎麼打招呼，握手不是那麼回事，擁抱更不是那麼回事。「嗨！」、「哎呀，二大爺您來了！」、「老叔你來了！」經常是這樣打招

呼，非常不禮貌，但又不知道如何做才是禮貌，如何做才能表示尊重。長輩見到小輩時，也不知道該怎麼打招呼，從上到下都失禮，這是中國人的悲哀。

我們自己要先一點一點的有「禮」，然後再一點一點教化我們的子孫。所有的家規、家訓，一定要從最細微的、最基礎的「禮」開始。

「禮」先做到了，也即是「形」上先要求到位了，然後才是正心，才是「儀」。「儀」即「四儀」，第一是孝，第二是悌，第三是慈惠，第四是忠肅。每一儀都是入心之道，由禮而形，由形入心。「儀」涉及內心的東西，在這裡不講太多，我們只講講「禮」。

第二節
最基本的見面禮

　　先談談最基本的見面禮，也就是如何打招呼。

　　大家來武夷山學九段錦時，一定是先學見面禮——拱手禮。在武夷山期間，同學之間行拱手禮，保持適當的距離，體現對彼此的尊重，有禮有度。不管你是什麼職業，大家在一起的時候都彬彬有禮，非常舒服。

　　「禮」中的道理太深奧了。儒學六藝「禮、樂、射、御、書、數」，「禮」排在第一，可見聖人把「禮」作為學問當中最重要的一個。

　　「老師，搞那麼多繁複的禮，有個屁用？我聰明，我能拿到博士學位，能拿到哈佛的學歷，我把工作做好不就行了，還要什麼禮呀？」

　　現實中，有太多人看似很優秀、很有能力，但就是因為不知禮，耽誤了自己的一生。自己為什麼不被待見、不被重用，為什麼沒有貴人相助？你說你有能力，那你的能力體

現在哪裡？不要以為自己有能力、能做事、能解決問題就行了，其實不然。

在社會上很多特別成功的人，其實並沒有什麼文憑，那些當大官的、做大生意的人，不見得有多高的文憑。但是，成功之人必有共性，那就是他們的智商不一定是最高的，但情商一定是最高的，對人情世故的把握一定非常精準。

「人」是對人性的把握，對人心的把握；「情」是情商、人情；「世」，怎麼做事，掌握到什麼度；「故」，知道各地歷史、風俗，瞭解每個人的喜好、習氣，這是人情世故。當你有了能力、有了文憑之後，要進的就是社會的課堂，要學的就是人情世故，通達人情世故，才有可能成功。

可能會有人說：「老師，國外就不講人情世故，只有中國人講究。」錯了，只要有人的地方就會講人情世故，只是你有沒有領悟到。學習成績僅僅是一方面，不是全部，當我們離開校園、進入社會課堂之後，真正要學的就是人情世故，誰能把這方面通達了，誰就更容易獲得成功。

人情世故是等大學畢業才開始學嗎？當然不是，那個時候再學已經晚了，學不了了。大學畢業已經二十多歲了，習

性已經形成，再改是非常難的。人情世故得從三歲開始學，從家規、家教、家訓開始。

　　什麼是真學問？不要以為書本上的學問就是真學問，不是那麼回事，書本上的學問，僅僅是自然科學的一部分。所有的成功者要做事，就要跟人打交道，不通達人情人性，不懂得人情世故，再聰明也沒有用，沒有人會配合你。

　　有一句話：「世事洞明皆學問，人情練達即文章。」世事洞明、人情練達，這是一門大學問，這才是你人生的好文章。從什麼時候開始學？三歲，從家規開始、從禮儀規範開始學這套東西。然後再加上你學習成績好，你有重點大學或者博碩士的學歷，那就更加如虎添翼。

　　什麼是根本？什麼是輔助？現在所有人都把文憑、學歷當成了根本，把對社會的通達、對人情世故的通達當成輔助，有也可以，沒有也可以，無人在乎，其實是搞反了。真正通達人情世故的人，哪怕學問差了點，哪怕學歷差了點，他到社會上也容易成功。不要本末倒置，人情世故才是根本，世事洞明、人情練達才是成功的根本，文憑、學歷、能力才是輔助，一定要搞清楚。由此可見家規、家教、家訓的

重要性。

　　你可以試一試，與長輩見面時，恭恭敬敬行一個拱手禮，雖然他會詫異，「你怎麼這麼行禮呢？」但是你觀察他的表情，你再看他對你的態度。別怕別人異樣的眼光，這是自古以來就有的東西，幾千年了，就從這兒開始。

　　所謂學習國學，別只是嘴上說，結果一點教養都沒有。天天學國學，從哪裡體現？給人家講大道理，沒有人願意聽的，反而當你從一點一滴實實在在做起，從禮儀開始做起時，你看看別人會不會覺得你學國學學得好了。

第三節
禮從身正修起

禮儀方面最基本的一點，自身要正，平時要注意表情管理，不可嬉戲，不可奸邪，這是「禮」的第一步。

表情管理當中最重要的是眼神的管理，先正睛，不可斜視，不可瞇眼，不亂眨眼、不隨意拋媚眼。五官要端正，不擠眉弄眼。有的人會有一些怪表情，一看就不正，這是最無禮的。

學國學大智慧，學先聖的智慧體系，首先從自修身開始。修身怎麼修？從哪些方向修？家訓都是理，理要知道，但光有道理還不行，還得落實。修身，並不是念佛打坐，而是要從點點滴滴修起，然後才能齊家、治國、平天下。

要過年了，給大家講講修身，講講最基本的「禮」，從這兒開始改變自己。等你跟親朋好友見面之後，你看看大家對你的感覺，會不會覺得你有變化了。

先修頭部，這是第一位的。很重要的是你的脖頸，脖頸

不要彎，不要低頭，低頭必會駝背，好像認錯似的，不行。頭要正，睛要正。修身是需要練的，你現在可能已經二十多歲、三十多歲了，如果你沒有練過，不經意間就會歪著頭、斜著眼，沒事往那一靠，一看就是沒有教養，這一定是家長的問題，長大了以後你自己是不知道的。當你教育孩子的時候，一定從正身開始，修身先修頭，這是我們的主宰，先把這兒修正了，然後再一步步往下修，正其形。

接著講頭部，平時坐著的時候，注意下顎稍稍內收。我們在練習九段錦時，一定要保持這樣的姿勢，下顎稍稍內收，因為這樣我們的氣血才能通達，而且頭是正的，頭頂對著天。不能完全憑自然，自然狀態下脊柱是彎曲的，很容易往前探脖子，或者下顎抬起來，那你的頭頂就不是對著天了，會顯得沒有精神，或者特別傲慢，或者特別卑微。

有的人總是習慣於昂著頭，給人很傲的感覺，會讓人莫名的反感。跟別人說話時揚著脖子，給人趾高氣昂的感覺，眼睛看著天或者斜眼看人，這就是不懂禮。

平時修身從頭開始修，眼睛要平視對方，下顎微收，後脖頸挺起來，人立馬就精神了。頭一正，眼神一正，人就精

神了。三歲的孩子坐著或者站著的時候，經常是歪的，家長要及時糾正，「頭正過來，不許歪頭」，最忌諱的就是歪頭斜視。

很多成年人不在乎這些，不經意間歪歪頭或者斜著眼睛看，一下子給人不好的感覺，「你是不是瞧不起我？你怎麼那麼看我？」其實這只是你的習慣性動作，並不是瞧不起誰，但是別人從你的動作裡，一下子就有了不好的感覺，很可能因此招了禍。

所以，要修身，修身修得好就會有貴人相助，不會給自己帶來災難。

想一想，我們身邊是不是就有這樣的人，他並不是瞧不起誰，他的歪頭斜視是一種習慣，從小就這樣，別人一看對他的感覺就不好，搞不好就招禍。孩子不管是站著還是坐著，頭一定要正。

家長要隨時觀察，尤其是父親，一看孩子歪著頭，馬上糾正，「頭正過來，不許歪頭斜視！眼睛怎麼看人呢？不可以斜著看人！」父親在這方面一定要嚴厲，孩子一下就正過來了，下顎一收，人馬上就精神，腰板就直了。從這兒開始

修，一個是眼睛，一個是脖子。

　　教育孩子從修身開始，身形要正。站的時候頭先正，坐的時候不能歪著身子，不管是男是女，都不能歪著身子。最害人的就是沙發，沙發柔軟，往那兒一坐一躺，整個人「葛優癱」，沒骨頭似的，孩子最忌諱躺在沙發上。沙發不是中華的東西，中式座椅沒有那麼軟的，一定都是中正的，而且坐的時候只坐前三分之一，坐滿是不可以的，不管大人還是孩子，坐著的時候身是正的。

　　我們古人講究的是身正，這是最重要的，舒服不舒服是第二位。但其實如果身正，哪怕坐很長時間，也是不會累的。別看沙發軟，卻會讓人越坐越累。沙發是西方的東西，西方人不懂這些，以人的舒服為主，怎麼舒服怎麼來。現在中國人家裡如果沒有沙發，總覺得哪裡不對，完全被西方改變了。

　　很多人的脊柱都是彎的，靠沙發靠的。沙發特別軟，倚靠的時候身體一下子窩在裡面，氣血根本無法通暢。我們剛開始覺得還挺舒服，窩在沙發裡看電視，一看好幾個小時。殊不知身不止，氣血淤堵，怎麼能不亞健康？身體怎麼能沒

有毛病？

　　成人已經這樣了，想改也不容易，但是要為孩子的身體考慮，從小就讓他坐有坐相、站有站相。坐得硬一點沒關係，但要坐直，頭要正。家規從這兒開始，真正的「禮」從自修身開始，讓我們的身體中正，不要倚門而立，不要沒事就蹲著，這都不是好的習慣。

　　過年的時候，我們帶孩子出去見親朋好友，從這兒開始糾正，讓孩子身要正。做父母的，一看孩子頭歪了，馬上給他糾正過來。孩子走路的時候腰彎了，站著的時候肩斜了，做父母的要立馬給他糾正，「腰直起來，肩不要斜，一高一低不可以！」從這兒開始，一步一步教孩子。當然，要教孩子，父母自己也得做到，從現在開始，一點一點做到。

　　九段錦即是從正形開始，正形以修身，形正了氣血自然就通暢了，很多亞健康現象就消失了。並不是九段錦多麼神奇，多麼不可思議，只是我們現在受西方的影響，已經不講究修身這些了。所以，「禮」要從自身修起，先是頭正，然後身正，坐著的時候、站著的時候身體都要保持中正。

　　可能國學的理你並不知道，但是只要把形調正了，你的

精神狀態、精神面貌立馬就不一樣了。形一正，氣通暢了，說話的底氣就足了。在形上要求孩子，幾天之後就會發現孩子變了，你不知道他是怎麼變的，但是孩子乖了，不那麼暴躁了，不那麼膽小了。試一試，孩子的形正了，你看他有沒有其他變化。

學家訓不能學死理，不能只是天天講道理，還得有落實的東西，講道理和修身得配合好。坐有坐相，站有站相，行有行相，臥有臥相，從這兒開始教。

第四節
餐桌上的基本禮儀

　　人與人溝通，從見面的「禮」開始。另外，非常重要的一點是餐桌禮儀，中華先聖對餐桌禮儀是非常講究的。大家聚會的時候，離不開餐桌禮儀，孩子三歲就得開始教他了。

　　一個人的綜合素質從哪裡體現？不僅僅是給主管彙報工作，彙報工作體現的是一個人的能力，而不是素質和教養，這是完全不一樣的。

　　最基本的餐桌禮儀必須得清楚，其實這原本不需要講，應該人人都會，但是現實情況好像不是這樣。

　　首先是入座禮，怎麼入座。入座禮的標準是以長者為尊，長者坐主位，尊貴的客人坐主位。主位一般是遠離門口或者正對著門口的位置，現在聚會常見的是圓桌，也不一定固定哪一個位置是主位，有的高級飯店會標記主位，餐巾疊得比較高聳，像塔一樣，這個就是主位。長者或最尊貴的客人坐在主位，以示尊重。

以右為尊，主管、長輩先入座，越是小輩越後入座，長輩沒入座時，小輩絕不可以入座。現在很多家庭沒有規矩，吃飯的時候孩子先把好位置搶了，坐下不管不顧就開始吃，家長在一邊還挺樂的，這就是不懂規矩。

在家裡這樣好像沒什麼，但如果是在社會上，這一個舉動可能就讓你仕途基本無望了。你不在乎這些，但主管在乎，從這一個動作就可以看出你是否有家教、有教養。不管你是什麼學校畢業的，不經意間一些微細的動作不知禮，說不定就把主管得罪了，你自己還不知道。與主管、長輩在一起時，要找好自己的位置，這個很重要。

我們每次在外邊吃飯應酬，都會涉及這些，大家一入座，馬上眼觀六路，耳聽八方，評估在場的人。有的人就會茫然無知、手足無措，不知道應該什麼時候坐，也不知道應該坐在哪兒，在家沒有訓練過，沒有家規，不懂規矩。

家規和社交禮儀一定是相連的，從社會的禮儀推演到家裡成為家規，或者由家規推演到社會成為社交禮儀。為什麼有的孩子一步入社會就知道這些禮儀，落落大方，而且分寸把握得非常好，一定是在家裡受到過這方面的訓練，到社會

以後就得心應手。

　　但是有太多孩子不懂這些，步入社會以後會吃大虧。你不懂，但是主管懂，你不懂禮就會冒犯主管的尊嚴。主管的尊嚴體現在每一次走路、吃飯、開會中，你不懂禮，主管就會覺得你在冒犯他，莫名其妙就會得罪主管，怎麼得罪的自己都不知道。

　　有的孩子步入社會以後，主管們都喜歡，很快就能得到提拔。這樣的孩子一定非常知禮、懂規矩，該說話的時候說話，該讓路的時候讓路。

　　走路的時候主管在前，他在斜後方，隨時觀察主管有什麼需求，該開門的時候馬上跑到前面把門打開，然後立馬又退到後面。年紀輕輕就能有所造就的人必有共性，都是從「禮」上來的。

　　世事洞明皆學問，人情練達即文章。什麼是世事洞明，什麼是人情練達？都得從細微處練習，不斷練，察言觀色。察言觀色並不是貶義詞。

　　當我們跟長輩們見面時，從孩子是不是有禮、懂不懂規矩，就能看出整個家庭的教養情況，體現出父母有沒有教

養、懂不懂規矩，這不僅僅是孩子一個人的狀態，而是整個家庭甚至家族的狀態。很多基礎的禮儀規範，作為家長的必須清楚，然後反覆教給孩子。

餐桌禮儀中，上菜的位置一般在主位對面，這個位置是小輩或者跑腿、來回聯絡的人坐的。夫妻同坐應以女為尊，女士優先，體現夫妻和睦，這是中華美德。餐桌上一定要注意，不能大男人主義，老婆像小丫鬟似的在旁邊照顧，不可以。

男人在家裡，老婆幫你洗腳都可以，但出去之後要展現你的修養，一定得女士優先，照顧好老婆。在外頭給足老婆面子，回家後老婆才能給足你面子。

現在好多人不懂，老婆跟小丫鬟似的，這不可以，要女士為先，女士為尊，讓女士先入座。作為男士，如果有女士要坐在你旁邊，不能人家一坐就跟人家打招呼，這是不禮貌的。應馬上起身，幫女士把椅子拉開，請人家坐，然後自己再坐下，這不僅僅是風度，也是教養的體現。

千萬注意不可太隨便，不要覺得跟誰關係好就很隨意，這會顯得你沒有教養，很多時候是在不斷的隨意當中把別人

得罪了。君子之交淡如水，彼此相敬如賓，這樣才能處得長久。

餐桌上很多細節需要把握，都是禮。比如長者來了應馬上起立，長者不坐你不能坐。有的時候大家已經開始吃了，這時來了長者或者女士要坐到你旁邊，應馬上起身，為長者或者女士服務一下。記住，長輩、主管、尊者、女士都應優先，作為男人要做好服務，這是我們的教養。

入座以後，一定得是主管、長輩、尊者、女士先動筷，請長者先動筷。中餐一般是一道一道菜上，服務生從離主位最遠的地方上菜，然後把菜轉到長者面前。長者如果沒夾菜，小輩就不要動，這是最基本的規矩。

轉桌也有講究，要順時針轉，不能一會兒順、一會兒逆。菜上桌之後，順指針轉到長輩面前，長輩動筷子之後，順時針轉過來，一位一位夾菜。魚到了以後，要把魚頭對著主位，請主人剪綵，各地有各地的風俗。餐桌上的禮很多，想到哪兒就講到哪兒。

學會入座，分清主次，當然也得注意不可以謙虛過了。比如在十個人裡，從身分、地位、年齡來講你排在第三位，

不能為了表示謙遜，就坐在上菜的位置，而讓小輩們或後生們坐在前面。

如果把位置坐錯了，這一餐飯就會吃得非常尷尬，這也是不知禮。不僅搶主位是不知禮，坐不到適當的位置上也是不知禮。要知道，知禮的人坐錯了位置是很難受的，飯一定吃不好。我們講究的是度，要適度，應該坐在哪裡就坐在哪裡。

接下來說說筷子。從一個人怎麼用筷子，一樣能看出是否有家教。筷子應該怎麼用，好像從來都沒想過，拿起筷子就開始夾菜吃飯。其實，用筷子是非常有講究的，得有一個正確的姿勢。我發現很多年輕人不會用筷子，姿勢看著很彆扭，也是不知禮的表現。這裡給大家講一講，講得細一點。

拿筷子一定是三根手指，分別是天（拇指）、地（食指）、人（中指）。我們的筷子是有講究的，一頭是方的，一頭是圓的，這叫天圓地方。日本的筷子跟咱們不一樣，日本的筷子前頭很尖，那就不是取這個意思了。

拿筷子的長短也講究，筷子應該怎麼拿，給大家講一講，看看你拿的對不對。首先，筷子的兩端是天圓地方，這

是一種陰陽。然後，上面的三根手指代表三才，同時還有三才配陰陽，怎麼配的？大拇指、食指和中指夾住一根筷子（代表陽、代表天），大拇指在前，食指和中指在後。

另一根筷子（代表陰、代表地）插進來，用大拇指根部夾住，無名指托著。上面被三根手指夾住的筷子是陽動，下面的筷子則是陰不動。手與筷子的相對位置，以手指上面餘出一公分左右的筷子長度為宜，處於這個位置，筷子張開的大小是正好的，拿得也穩。

拿筷子非常重要，是否按照正確的姿勢拿筷子，甚至會影響你的命運。為什麼？咱們老祖宗的這些禮裡都有講究，這些講究都是跟陰陽、天地運行的規律有直接關係的。筷子有幾千年甚至上萬年的歷史，是從上古時期傳下來的，使用筷子是中國上古聖賢的一大發明。

不要以為西方的刀叉厲害，其實我們在漢朝以前曾經用過刀叉，考古出土的文物裡有刀叉，骨製的、木製的，甚至青銅的都有。為什麼一直以來主要沿用的是筷子？用筷子真的用對了，它對大腦開發有非常大的影響作用。

我們一定要從細微處教孩子，不僅教他們正確的坐姿、

站姿，在使用工具上也要沿襲祖先。祖先為什麼定了這麼多禮，為什麼這些方法能延續下來，都有其道理所在。三才、陰陽、四象、天圓地方都蘊含其中，小小的動作可不簡單。

按正確的姿勢拿筷子，經常訓練，動作規範，夾得會特別穩，看著也特別舒服。有的人用筷子，兩根筷子擰在一起，雖然也能夾起東西來，但是不合規矩，看著特別難受。有的人筷子拿得離前端很近，或者抓著筷子頭用，這都是不合規、不合禮的，不僅用著不方便，一看就知道沒家教，家長沒教過。

教化孩子是父親的職責，平時身姿要端正，都是父親來管。一拍脖子，「頭要正」；一拍背，「腰要直，背挺起來」；站著的時候，「肩膀不許歪，不能抖腿」。

再講講端飯碗。飯碗在桌子上放著，我們的兩隻手應該放哪兒？一隻手拿筷子夾菜，另一隻手幹什麼呢？很多人另一隻手在桌子下面嚼嘟著，夾了菜以後就趴著吃，往嘴裡扒，這叫以口就食，這是狗的行為，動物才這麼吃飯呢，人絕不可以這樣吃飯。

另一隻手一定要端起飯碗，一隻手夾菜，一隻手端起飯

碗，飯碗一定在自己手裡，以食就口，夾了菜，放到飯裡，再吃。吃的時候，腰不能彎，頭要正。以食就口是人，以口就食是狗，人絕對不可以以口就食。

有句老話：「手不端飯碗，窮苦一世。」這其中也有心理的概念，手握飯碗，我的生存掌握在我的手裡，我端著飯碗，掌控著吃飯的傢伙，這也是有道理的。孩子經常會犯懶，在飯桌上趴著吃，這時當爹的要馬上糾正，一拍孩子：「手端飯碗，怎麼不端飯碗呢？手要把飯碗端起來！」馬上糾正，三歲就開始糾正，長大以後自然而然就形成習慣了。

還有一句話：「抖腿聳肩沒三代。」有的人習慣性抖腿，如果發現孩子抖腿必須馬上制止，不可以。還有的人沒事的時候喜歡聳肩，馬上制止，絕對不可以。腿不要一直抖，把那點福氣和好東西都抖出去了，這是最忌諱的。

「手不端飯碗窮苦一世，抖腿聳肩沒三代。」餐桌上的講究非常多，在這裡我們想起什麼就講兩句。

當菜轉到自己眼前，夾菜的時候要注意，只夾盤子裡離自己近的三分之一，不能越過這道菜去夾別的菜，這叫過界；而且不能站起來夾遠處的菜，這樣太不懂禮貌了。我們

或許覺得平時在家裡吃飯沒關係，隨意就行，但如果在家隨意慣了，在家裡不嚴格訓練，到社會上參加正規飯局時，很多行為是下意識的，自己根本不知道自己有問題，但別人一看就會非常反感。

很多人吃飯時特別不講究，嘴碰到了筷子之後，再拿著筷子到盤子裡翻攪，這叫翻江倒海。旁邊主管一看，這菜還能吃了嗎？都是你的口水。夾菜的時候只能夾自己眼前的，夾到哪個就拿起哪個，不可以夾起菜來還抖筷子，也不能夾起來一看不好吃又放回去，絕對不可以。

你的筷子上帶著你的口水，往菜裡一放，別人一看就會噁心，覺得這小子太沒家教了，哪一個主管敢帶這樣的年輕人上飯桌見人？

有時候，別人對你的負面評價就是源自於這些細微的小動作，從細微處否定你的全部。不要覺得這些內容過於細節，好像沒什麼意義，其實不然，這些太重要了。飯桌上的規矩很多，再比如有湯水的東西，一定要用勺接著。

還有一點很重要的，經常有人搞不明白，尤其是比較正規的場合，筷子是兩副，勺是兩個。筷子兩副一黑一白，勺

一長一短，擺在旁邊。一定要記住，一黑一白兩副筷子，其中一副是公筷、一副是私筷，白的是公筷，黑的是私筷，白的用來取食，黑的用來進食，要分開。

現在講究的家庭或者講究的場合越來越多，別拿錯了，別拿黑筷子取食，不禮貌。白筷子是取食用的，不沾嘴，把菜夾到自己的盤子裡，再用黑筷子夾起來進嘴吃。兩個勺子，長勺是公勺，短勺是私勺，長勺取湯、取食，短勺用來進食。

用餐時，你給旁邊的女士或者主管夾菜，可不能用你的私筷，得用公筷。主管其實在這兒盯著你看，在觀察，一看這個孩子行，有教養、懂規矩，都是細節。真的想學這套禮，就得研究它，千萬不能不把這些當回事。

你如果覺得這些都是爛規矩，無所謂，才不學這個，這些小細節你就掌握不好，平時自己得罪人了、被人整了，都不知道為什麼。

如果暫時不想吃了，在說話或者想休息一下，要把筷子放在碗邊，千萬不能把筷子插到飯裡，這是祭祀的時候才用的。有這樣的人，不經意間筷子往飯裡一插，上廁所去了，

回來以後拿起筷子接著吃，主管氣得臉都白了，你這給誰上香呢？這樣的人，即使工作再努力，一個動作就把主管得罪透了。這些細節一定要學，「禮」一定要學，都是修身的一部分。

記住，吃飯的時候一定要閉上嘴，喝湯的時候、吃麵的時候，飯進嘴裡了，菜進嘴裡了，要閉上嘴嚼。有的人習慣「吧唧嘴」，那是窮苦相，只有窮人才吧唧嘴，一聽就沒吃過，「哎呀！太好吃了！」吧唧著福就沒了，兜不住。

食物是精華，放進嘴裡了，一點都不讓它漏出來。任何食物進嘴之後，馬上閉嘴嚼，這需要練。很多人都不懂，習慣性的吧唧著吃，喝湯的時候呼嚕呼嚕的喝，自己出聲音自己卻意識不到。

另外，不可以端碗喝湯，要用勺子一口一口的喝，也不可以一勺湯分幾次喝。如果不確定湯燙不燙口，可以用勺子舀了湯試試溫度，千萬不要用筷子攪拌，讓湯快點涼，也不能用兩個碗來回倒，讓湯快點涼，然後呼嚕呼嚕端碗喝湯，不可以。

覺得溫度可以了，用勺舀湯，一口喝進去，不要有聲

音。吃麵條時不可以吸溜吸溜的吃，不可以發出聲音來，你吃著倒挺香，旁邊的人看著煩死了。

如果平時不注意練習，遇到高級的場合時會非常尷尬，因為你平時沒練過，不經意間碗、盤、叉子、筷子就會碰到一起，乒乒乓乓的聲音，非常刺耳。在高級一點的飯局上，出點聲音全都能聽見。主管帶你去吃飯，結果你用餐時吧唧嘴，全桌人都會盯著你，帶的這是什麼人？你自己還不知道，大家看我幹什麼？我吃得挺好。一定要注意，這是需要平時練習的。

「老師，吃麵條怎麼能沒聲音？」可以把麵弄碎了，放在勺裡一點一點吃，放進嘴裡要咬碎，不能呼嚕呼嚕的吃，這得練。怎麼能把食物送進嘴裡，不出聲音閉嘴吃飯？需要練，很多人都不會，只會張著嘴咀嚼。如果你吃飯發出各種聲音，下回主管再也不會帶你出來了，一看家裡就沒教過、沒規矩。

為什麼講這些？其實很多人不愛聽，好像罵人家沒家教似的，沒有人願意講這種課，這原本應該是在自己家裡教孩子的。因為大家對我比較信任，又趕上要過年了，才給大家

講一講這方面的規矩，這也是修身之道。

溝通的禮儀、餐桌的禮儀，都是修身之道，平時要練好，不管到什麼場合都能遊刃有餘，在主管、長輩面前為自己加分。懂規矩的孩子，有教養的年輕人，哪一個長輩看著不喜歡？我們的貴人都是我們的長輩，人家一看這孩子有規矩，留下一個好印象，後面有機會的時候就會提攜你。

對長輩而言，機會給這個年輕人也是給，給那個年輕人也是給，為什麼不給你呢？如果你人情世故啥都不懂，讓人家討厭，人家憑什麼把機會給你？是不是這個道理。這就是家教、家訓裡面落實的部分。

再來講一講敬酒。主管或者長輩坐在這兒，應該從哪邊敬酒，是有規矩的，現在很多人不懂，哪邊方便就從哪邊擠過去，不可以。敬酒時一定要站在主管或者長輩的左側，不能從右側來。因為大家一般是右手端酒杯，不管是左撇子還是右撇子，都是右手端酒杯。

主管在這兒坐著，你如果從右邊來了，主管右手端著酒杯會很彆扭，得起身轉一個很大的角度才能跟你碰杯，很不舒服。雖然對方可能很客氣，站起來了，但上身別著勁兒，

會很不舒服。敬酒本來是好事，結果因為你的方向不對，引起了對方的不舒服。所以，要從左側來敬酒，對主管或長輩是一種尊重，這是有講究的。

　　敬酒碰杯的時候，長者和主管的杯子要高一些，小輩或者下屬的杯子要比長輩和主管的低，不能平著敬酒。平著敬酒，主管一看心裡立馬咯噔一下，因為你不懂禮。甚至有的人，自己的杯子比主管的還高，這對主管就是一種冒犯。敬酒的時候要用右手拿著酒杯，左手托著杯底，「主管，我來給您敬酒。」

　　有的時候，主管也很謙虛，你的酒杯本來比主管低，結果主管又把杯子放低，你再放得更低……這樣也不行，怎麼辦？用左手托著自己杯底，如果主管把杯子放得更低了，左手馬上伸出去托住主管的杯子，「主管，我這杯乾了。」托住他的杯底，自己的杯子比他的低一點，這是一種尊重，「我可承受不起，您可別謙虛了。」然後再來喝酒。

　　酒桌上的規矩太多了，我不是教餐桌禮儀的，想到什麼就講講什麼。馬上就要過年了，家訓、家教、家規到底是什麼、如何落實，都是細節，這些東西並不是說有一個什麼家

教學習班，天天教，這些東西都是一代代家傳的。

　　如果沒有家傳怎麼辦？那就好好學習，在這方面多多留意。尤其是我們的孩子，不要天天只盯著他學習，學習只是一個方面，很重要，要考上重點學校、有好的文憑，這是很重要的，但人情世故、禮儀禮規，我們也得同時教好，這樣孩子長大以後才能遊刃有餘，才能逢貴人搭橋鋪路，才更容易成功。

第三章
《顏氏家訓》之《序》

第一節
教育孩子是男人最大的事業

　　現在的家庭基本上已經沒有家訓了，甚至根本不知道家訓是什麼，家教應該怎麼做，很少有人去講究了。

　　孩子三歲後直接交給幼兒園，好像孩子的教育交給幼兒園老師就可以了。七歲上學，家長擠破腦袋把孩子送進明星小學，感覺小學老師好像對孩子的教育抓得特別緊、特別嚴。對家長來說，我們的目標好像就是把孩子送進重點幼兒園，送進明星小學、明星國中、明星高中，然後考上重點大學，這就行了。孩子一畢業，父母這一生的任務就完成了。錯誤，這是極大的錯誤！

　　現在的父母相當於把孩子的教育都交給了老師，交給幼兒園老師，交給小學、中學老師，交給大學老師，極其的錯誤。老師主要教孩子知識性的東西，而且是書本上非常有限的知識，結果你的孩子一路重點學校上去，大學畢業以後到社會上啥也不是，只是有點智商，可能還算不上智商，只能

叫機械記憶能力。機械記憶能力不是智商，在學校學習好並不代表智商高，這完全是兩個概念，更別提情商了。

進入社會以後，單憑那點機械記憶的能力、會考試的能力，能吃得開嗎？既不會做人，又不會做事。多少孩子在學校裡特別優秀，但是到了社會上，不知道如何跟人相處，不斷受到打擊。文憑很高，就會考試，重點大學畢業，但沒有情商，在學校的時候是學霸，自信滿滿，到了社會上卻不如學渣。學渣當老闆，學霸給他打工。

這不是孩子的問題，我們也不能說這是社會的問題，現在全世界都是這個樣子。我們目前運用的，也都是西方的教育體制，它是以自然科學知識為主的，很少涉及人倫、人哲、人文的內容，人與人之間怎麼打交道，怎麼做人，怎麼做事，基本不涉及。

現在很多孩子從學校畢業之後，真是一點規矩也沒有，沒有教養，甚至連基本的道德底線都不清楚，這是極大的悲哀。除了學了點知識，還有什麼？知道怎麼做人嗎？好像只要不違反法律就是好人了，就什麼都可以做了，連基本的標準都沒有。

西方的孩子如何教育，他們的學校進行的也是自然科學知識的培訓，學的是知識性的技能，但是同時他們有宗教，道德方面有宗教在束縛，包括如何做人、人與人之間的關係……等等，這樣就彌補了學校只進行知識類學習的不足。

　　西方是在學校學自然科學，然後用上帝來對道德進行規範，他們認為有信仰的人就有道德底線。但是中國在這方面是缺失的，在這種情況下，我們向西方的教育體制去學，就學得不倫不類。孩子不知道應該怎麼做人，不知道道德底線是什麼，不知道道德標準是什麼，因為他們沒有系統學習過，所以我們不能怨孩子。

　　現在我們發現，孩子進入社會以後，甚至青春期的孩子就讓人覺得特別無禮，見到長輩不會打招呼，在一起吃飯的時候，要麼在桌上跟你鬧，要麼就是誰都不理，自己拿著手機在那看，你跟他說話，他應你一下就不錯了，現在的孩子基本都是這個樣子。大家在飯桌上談的都是孩子學習怎麼樣，有沒有考上重點學校，全都盯著這個。現在中國人就是這個狀態，沒辦法。

　　這是哪個層面應該管的問題，要說是國家層面應該管

的，我覺得有點太大了。教孩子如何做人，這方面不能推給國家，這是孩子父母應該盡到的責任。

前面我們講到，養孩子責任在母親，教孩子責任在父親。父親都不愛聽這話，父親都很忙，理直氣壯的忙，父親要養家、要做事業，所以家裡的一切全都是母親應該做的，父親拿錢回來就行了，家裡的事都是當媽的管。其實不是那麼回事，不要拿事業當藉口，搞清楚，作為一個家庭、一個家族的男人，你最大的事業是什麼？

不要以為你的公司上市了，你的事業就做大了，作為一個男人，最大的事業就是培養自己的子女，把子女培養好，才是你真正最大的事業。

外面的公司跟自己的子孫能比嗎？公司有長久的嗎？中國百年以上的公司有幾個？各種行情、政策都會對公司造成影響，公司原本做得好好的，蒸蒸日上，國家一個政策下來，就可能啥都沒有了，那都是暫時的東西。

並不是說不讓你做事，但是要搞清楚，孩子是你的延續，那才是你最大的事業。哪怕自己的事業失敗了，但把孩子培養得很好，你後半生也不用去操心、不用擔心。

有的男人前半生拚拼不過別人，事業做得不怎麼樣，但是孩子培養得很好，又懂禮又孝順，智商高，情商也高，到社會上很優秀。能把孩子真正培養好，還需要做什麼事業？對男人來講，不要覺得家裡所有的責任都是老婆的，不可以。

　　現在很多男人這樣想，反正我把錢賺回來了，家裡面怎麼樣，孩子教育不好，孩子不懂事，孩子叛逆全是媽媽的事，覺得媽媽在家看個孩子都看不好，天天指責媽媽，這是絕對不可以的。

　　媽媽只負責養孩子，管孩子衣食住行，養好身體，知冷知熱，這是慈母。教育孩子一定是父親的責任，絕對不是母親的責任，結果現在中國人都搞混了，媽媽既要養孩子又要教育孩子。養孩子需要的是慈母，而教育孩子需要嚴厲，結果現在的媽媽既要慈又要嚴。

　　爸爸呢，只顧工作不顧家，顧家的爸爸也都成了慈父，媽媽說孩子兩句，爸爸不幹了，護著孩子，放縱孩子。媽媽既要照顧孩子的生活，又要去管教孩子，家裡就會亂套，孩子也管不好。

我講的這些，並不僅僅是中華古聖賢對我們的教導，現代的西方育兒心理學、腦神經科學等學科的一系列實驗結論，與我們的聖賢經典中的教導是完全吻合的。這就說明中華先賢在兩、三千年甚至四、五千年之前，制定出來的一整套蒙學、育兒學體系是非常客觀的，而且相當實用，這是中華老祖宗真正的智慧。

　　我講家訓要比講《壇經》、《道德經》落實得多，《壇經》、《道德經》大家都愛聽，聽得飄飄然，一個個好像能成仙成聖似的。但是我要告訴你，《壇經》、《道德經》你是聽不懂的，而且不是說你聽了就能會，不是說你聽了現實中就能用的。學習經典最後一定要落在具體的現實中，而真正能夠直接落在具體現實中的，就是家訓。

　　學習經典從家訓開始，你學了家訓之後，就會知道我們中華這些儒、釋、道的經典太高了，高到看不見、摸不著。但是你會用嗎？天天背《道德經》上善若水，你知道那是什麼意思嗎？所有經典最後一定都得落到家規、家訓上，我們要繁衍，我們的文明要代代相傳，離不開家規、家訓。往下看就會知道，經典最落實的就是家訓，這部分太重要了。

前邊我們說到，家訓我會從《顏氏家訓》講起，從它的《序》和第一章《教子篇》開始講起。這一部分講的是家庭中父親的責任，教育孩子的應該是誰，怎麼教育孩子，作為父親應該以什麼態度來教育孩子，首先要端正態度，擺清位置。

　　然後再來講朱熹的《童蒙須知》，講孩子三歲以後應該怎麼去教他，教他什麼，為什麼這麼教，這部分我要講得詳細一些。後面再講朱柏廬的《治家格言》，這個比較簡單。之後回過頭來再講《顏氏家訓》後面的部分。

　　其實這涉及到眾生的緣，講經說法可不是那麼簡單的，有的時候會有很大的障礙，不是我想講就能講出來的。家訓包含的東西太多了，需要通達儒、釋、道各種經典，甚至還得通達西方的科學體系，才有可能把家訓講明白。家訓不是念明白的，念家訓很簡單，人人都會念，但是能真正把家訓講明白，讓大家理解，並不容易，我來試一下。

第二節
教人誠孝，慎言檢跡

下面我們從《顏氏家訓》講起。

顏氏指顏之推，魏晉南北朝時期的人，西元 531 年生，大概 590 年去世。顏之推在歷史上沒有太大的名聲，他官不大，是一個學者，著作比較多，最重要的就是《顏氏家訓》，這是中國的第一部家訓。

在此之前也有家訓，比如諸葛亮的《誡子書》，是他寫給孩子的，告訴孩子應該怎麼做人做事。但是顏之推之前的家訓，都是家書的形式，不成體系，不是獨立的家訓體，《顏氏家訓》是第一部成體系的完善的家訓。

顏之推把儒學的經典應用在教育孩子上，教孩子怎麼做人做事，總結得非常好，是經典的落實。從胎教開始，到嬰幼兒時應該什麼樣子，孩子大了以後應該怎麼樣，非常系統的把孩子的啟蒙教育整理了出來。

這之後的家訓，比如朱熹的家訓、朱柏廬的《治家格

言》、曾國藩的家訓，其實都是在《顏氏家訓》的基礎上形成的。從顏之推開始，中華的精英階層逐漸形成了一種風氣，一種大戶人家家家有家教、有家訓的風氣，這是非常重要的。

所以說，中華在蒙學教育、育兒親子方面起步太早了，真正成體系的家教教材，也就是家教經典，在魏晉南北朝時期就有了，距現在近兩千年了。我們越接觸、越瞭解我們的賢聖，就越能感受到中華的偉大。

顏之推在《顏氏家訓》中，明確提出「父以教為是」，也就是說，教育孩子是父親的職責，非常明確，母親以養孩子為主，父親以教孩子為主。這不是我說的，我講經說法的所有觀點都不是我認為，一定是有根有據的，述而不作、信而好古，這是我的原則。

先來看《顏氏家訓》的《序》，看看他為什麼寫家訓。

「夫聖賢之書，教人誠孝，慎言檢跡，立身揚名，亦已備矣。」「聖賢之書」指的是先聖的經典，顏之推是魏晉南北朝的人，他所謂的聖賢之書，就是在這之前的，也就是先秦的經典，秦以後基本上就沒有什麼經典了。秦朝之後的都

是論，是在先秦經典的基礎上做闡述說明，先秦之後能稱之為經典的，可能也就只有六祖慧能的《壇經》了。

幾乎所有的經典，都是春秋戰國時期形成的，那個年代百花齊放、百家爭鳴，出現了眾多聖賢，比如孔子、孟子、老子……等等。在這之前也沒有經典，之前都是散落在民間的片段，從孔子開始，把民間散落的片段、聖賢的語錄格言之類彙集成經，形成六經。

這裡的「聖賢之書」，專指先秦時期的聖賢所留下來的經典，所有這些經典都「教人誠孝」。

中華古先聖的經典，與西方哲人典籍的不同之處在於，中華這麼多先聖，孔子、老子、墨子、莊子、孟子……等等，所有經典表達的思想都是相同的，在原則上沒有分歧，都是一條線、一個脈絡下來的，都是教人誠孝。這不像西方哲人一人一個觀點，一人對宇宙一個看法，完全不一樣。

所以我們讀聖賢書，其實很容易舉一反三，讀懂了道家經典，再讀儒學經典時，就能明白是怎麼回事；讀懂了道和儒的經典，再讀佛家經典，就能明白是怎麼回事了，都是相通的。

「教人誠孝」，誠，真誠，是一種態度，是對人對事的態度。中國人特別講究誠，誠也跟敬連在一起。我們對天要誠，對地要誠，對人要誠，所有的經典都告訴我們，做人一定得從誠開始，沒有誠，後面的一切就都沒有了。

沒有誠就沒有敬，沒有敬就沒有禮，沒有禮就沒有規矩，沒有規矩了你說還有什麼呢？情商高的人最懂規矩，真正的情商必是建立在規矩的基礎上，真正懂規矩的人，哪一個情商不高？什麼是規矩，知進退，這是最基本的。

在社會上真正有成就的人，不管是當官的、做生意的，還是做學問，你就看他待人能不能做到一個誠字，做事能不能做到一個誠字，這一點太重要了。

《顏氏家訓》開篇第一句是最重要的，這麼厚的書，其實後面都是在闡述第一句，這就是中華經典的固定格式。任何一部經典，它的第一章一定是這部書最重要內容的概括，第一章中的第一句，是這部書中最經典、最精華的一句話。

所以看經典要不要看這一部書，就看第一章第一句，然後就知道這部書要不要看了，所有後面的章節，都是對第一句的闡述。

「夫聖賢之書，教人誠孝。」一看就知道整部《顏氏家訓》的重點就是誠和孝，後面講怎麼做才是誠，怎麼做才是孝；什麼是誠，什麼是孝，誠代表什麼，孝代表什麼，然後往外延伸。誠延伸下去是敬，敬延伸下去是禮，禮延伸下去是規則、規矩。

道德標準在哪裡體現？誠是道德的標準，孝更是道德的標準。我們講《孝經》時，一直在講「孝乃德之本也」，德在現實中的體現，一個是誠，一個是孝。

什麼是誠？誠不僅僅是敬，心中有敬，外顯出來就是禮的狀態，所以說禮是誠延伸出去的。一個誠敬的人，他的眼神、表情是不一樣的，一個誠敬的人，絕不可能給人吊兒郎當的感覺，無所事事、滿不在乎，絕不可能是這個樣子。

如果一個人不管跟誰在一起都吊兒郎當的，坐沒坐相，站沒站相，想怎麼樣就怎麼樣，那就不是誠。如果內心之中有誠敬，那外面呈現出來的必是禮和規矩，這是一定的。

誠是內心的狀態，孝是等級，孝就是要分出天地來。我們中華是講等級的，等級由誰來定呢，由天道而定，天道自然就有等級，天是天、地是地。天地有沒有高低，有沒有尊

卑？有。天道的等級體現在人的關係中就是孝，沒有等級哪有什麼孝？現在的人為什麼都不孝了呢？因為人人平等，我跟我爹是平等的，我跟我爺爺也是平等的，如果人人平等是一種絕對平等的話，那是沒有孝的，不可能有孝的。

孝不是人的本性，不是先天的。什麼才是先天的人性？母親對孩子那是先天的，不僅是人，動物也是如此，母親會為了孩子義無反顧，會為孩子捨身，不會顧及自己，這是人的本性，是天性。但是人對父母，也就是我們孝順父母，並非天性，而是人性。

人心是往下長的，為什麼？為了繁衍，為了種族的繁衍。動物會管它的父母嗎？動物會養老嗎？不會。人養老也不是天性，但那是人性，是人道，我們一定要感恩，父母生我養我，我們得知道感恩。

但這是需要教育的，而天性是不需要教育的。所以說「孝乃德之本」，那是對人來講的，雖然孝不是天性，但做人也得符合天地運行之規則，得孝，這是人之本，不孝者無德。

中國人講究積功累德，積了德才能有福報，才能五福俱

全，健康、富足、幸福、平安、長壽這是五福。福是怎麼來的呢？是積德來的，積德者必有後福。

「老師，我會鑽營能當大官，或者我有能力會做生意，能賺錢，跟積不積德有什麼關係？」不要以為你能當大官，能賺大錢，只是因為有能力。現實中有能力的人多了，勤奮的人多了，會鑽營的人多了，但是能夠長久當大官，能長久做生意賺錢，甚至子孫都能往下延續的，你看看他是靠能力得來的，還是靠積德積來的。

並不是說我迷信，這跟我的工作有關係，三十多年來，我的工作就是跟人打交道，幫人解決問題，做了上千例臨床個案，看了太多的人生百態，什麼人成功，什麼人失敗，什麼人只是短暫的成功，什麼人磨難多，什麼人總是不順，什麼人的情感烏煙瘴氣，見的人太多了。

千萬不要以自己多有能力、多聰明自詡，不是那麼回事，就算你聰明，好像這件事情做成了，你得到了，如果無德，你看後面會怎麼失去。其實長久的成功憑的都是福報，有福報的人不需要那麼聰明，該來的就能來，會有各種機緣。這是我三十多年的經驗總結出來的，並非在這裡勸善。

以後我的弟子都得做個案，去接觸每一個人的精彩人生，經典裡的這些話，看看是不是會一一對應。我們祖先的智慧沒有一句虛言，跟現實一定是能對應的。

　　大家都看了電影《長津湖》，戰場上槍林彈雨，炮彈說不定在哪兒炸了。你覺得藏到石頭後面，子彈就打不著你，那炮彈有沒有可能落在你身邊呢？一衝到戰場上，子彈往哪兒飛，你知道嗎？那個時候能力呢？聰明呢？誰能活下來。你以為拚的是什麼？為什麼子彈打不到你？有的人怎麼一露頭就沒了，怎麼就這麼巧？人生不是這樣嗎？人生如戰場。

　　現實中你的項目做成了，別人都被騙了，你以為是因為你有反騙的能力？放下吧，不是那麼回事，全憑福報，拚的就是福報，歷史上有多少賢聖在講這個道理。

　　「老師，那我天天送福報就行了。」不是那麼絕對，這是一個大的概念、大的方向。當然要拚搏，當然要努力，要積極進取，要積累我們的知識量，要有經驗，要有強大的分析力、邏輯性、溝通能力，這些都是需要的。但是，這些並不能決定你的成敗，不能決定你的五福能否長久，真正起決定作用的主體是福報，而能力只是助行，兩者缺一不可，這

就是陰陽兩面。

　　我講這麼多，其實還是在講誠與孝，第一句的誠與孝太重要了。福報怎麼來？從積德而來。怎麼積德？孝乃德之本，先從孝而來。

　　「老師，那我供奉菩薩行不行？天天拜佛求佛，給佛上花、上水果。」你放下吧，一定要搞清楚，真正的觀音、真正的佛在哪兒。你的父親就是阿彌陀佛，母親就是觀音菩薩，那是家裡真正的佛、真正的菩薩，你不把父母敬好，天天到外頭去拜石像，那叫缺德。

　　家裡的佛和菩薩拜不好，還天天去廟裡拜，回家惹父母生氣，父母有事還照顧不了，又去西藏，又去五臺山的，那不叫德。真正把孝做好才是大德，離開了孝，無德可談，孝乃德之本，抓住這個本。

　　在家孝順父母，在外對你的主管、老闆、老師，從家裡延伸出去，這就是在外的德。在外有德，你就能得到貴人的提拔，一帆風順的就上去了。放下你的能力吧，現在有的人自詡，覺得重點大學的文憑不得了，其實誰看你的文憑？也就是畢業找第一份工作的時候，一看清華畢業的、北大畢業

的、哈佛博士等等，會覺得厲害。但真正進入工作以後看什麼？一是看你的工作表現，二是看你的人品，看你會不會與人相處，這個時候誰還會天天念你是清華畢業的、北大畢業的啊？

現在凡是子孫當了大官的，或者是做大生意的，真正五福俱全的，祖上必有積大德之人，這是必然的，我做了這麼多年的個案，這就是規律。

所以，我們自己要先做好誠和孝，然後推及子孫，明白了這個理，自己做好做到位，然後言傳身教給孩子，教育孩子從誠和孝開始，這就是蒙學的基礎。

很小的孩子如果表現出滿不在乎、誰也瞧不起的樣子，這就是不誠，得馬上制止他。對人認真專注，對事認真專注，這是誠。孩子很小的時候，如果表現出渙散，對人的時候不專注，是對人最大的不敬；做事的時候不專注，是對事最大的不敬。一看態度不對，馬上就得糾正，讓他好好做事，哪怕打遊戲，也得以誠敬之心對待。心中有誠敬，呈現出來的表情態度是不一樣的。

孝是等級，由等級延伸出禮和規矩，人無等級就沒有上

下，沒有上下就沒有標準，沒有了禮，禮是建立在等級基礎上的。父親就得有父親的樣子，母親就得有母親的樣子，孩子才能有孩子的樣子。

「慎言檢跡」，慎言，說話要慎重；檢，檢點，跡是行為。慎言檢跡也很重要，家教從言行舉止開始。

前面講的是態度，教人誠與孝，誠是態度，孝是天地之大德，一個是態度，一個是德之本。緊接著講言行舉止，教孩子先從觀察孩子這張嘴開始。

慎言不是不言，要言，我們都要說話，說話是溝通、是表達，但是怎麼說話，這是非常重要的。你聽你的孩子怎麼說話，孩子會不會議論別人，會不會罵人，說話會不會很難聽，會不會不合場合、沒有禮貌，說話會不會不懂規矩。

孩子的一切都表現在他的言語和行動上，首先是言語。作為家長，在孩子兩、三歲剛開始學說話的時候，就得注意了，就得開始管教孩子了，非禮勿言，言必誠。

「老師，兩歲的孩子剛學會說話，我怎麼管教他呢？他又聽不懂。」

記住，孩子可聰明了，從他開始說話的時候，就得開始

進行家教了，可不能等到他十八歲以後再教，那就晚了。要關注孩子的語言，他怎麼說話、說話的態度如何、他表達的意思是不是那個樣子、符不符合禮。

慎言檢跡，什麼是檢跡？應該怎樣教孩子的行為？最基礎的就是站有站相、坐有坐相、臥有臥相，從孩子走路開始，最晚三歲也得開始了，教孩子怎麼站、怎麼坐。關鍵是你關注過孩子怎麼站、怎麼坐嗎？孩子歪著站著，駝背站著的時候，你可能還笑呢。

爸爸一看到孩子走路的時候背是弓著的，馬上拍一下孩子的背，「兒子，腰挺起來！」孩子一下就挺起來了；平時孩子歪著頭坐著，爸爸馬上拍一下孩子腦袋，「坐正，坐的時候頭要正。」爸爸要隨時注意，孩子三歲起就得開始了，怎麼走路、怎麼坐，吃飯的時候什麼樣子，爸爸要關注。

現在的孩子，吃飯有幾個家長能管住的？中國孩子不管是在飯店還是在家裡，三歲的孩子吃飯，吃得遍地都是，碗可能都弄翻了，湯灑得到處都是，家長看著還笑呢，「孩子小，不懂事，長大就好了。」可是等孩子大了，你想管也管不了了。

聖賢經典裡很多內容寫得都很籠統，一句話帶過，但是你不知道怎麼落實。顏之推的家訓就是要告訴我們，聖賢經典裡教我們的東西，在教育孩子方面如何落實，這很重要。

　　「立身揚名，亦已備矣。」這句話是講聖人們教我們怎樣誠、怎樣孝，言行舉止應該如何，是為了什麼，是為了立身揚名，也就是有所成就。有所成就不僅僅是當大官、有大學問，或者賺大錢，還要做人中典範，首先要給子孫做典範，言傳身教，然後給家族做典範，再給社會做典範，這就是立身揚名。

　　所以，中華古人建功立業、有所成就，不僅僅要看他建立了多大的功業，很重要的一點是要看他的修為德行，他是否能夠立德、立功、立言，這樣的人才可以稱之為聖賢，這叫不「缺德」。

　　當大官不代表有德，做大生意也不代表有德，這只是立功，立功並不是成功。「立身揚名」，可不是說立了大功就是好，中華的祖先不講究賺多少錢、當多大的官，當官了我就頌揚你，我就阿諛奉承你，才不是。我們看的是立身，哪怕清貧，哪怕不是官，但修身有成，能給世人立榜樣，這才

是立身揚名，揚名於後世。

　　中華的古人不僅僅以功績來評判一個人，而是要看這個人是否修身有德，揚名於後世才是最大的功業。歷史上，立大功者、建偉業者有很多，但多數都背著罵名。比如秦始皇嬴政統一六國，完成統一中華的大業，之後統一貨幣、書同文、車同軌，功績大不大？但是後世有幾個說他好的？都說秦王暴政。僅有功績還不行，我們看的是德，修身為人典範，這方面做得不夠也不行。

　　當然，也不是只追求立身揚名，就不去追求個人的生活了，不是的，這兩者並不衝突。我們講究的是有功有德者五福俱全，不僅僅要有錢，還得有健康，還得有幸福，我們要的是有功有德者長久的五福。

　　「夫聖賢之書，教人誠孝，慎言檢跡，立身揚名，亦已備矣。」所有的這些教誨，在聖賢的經典中都已經說得非常透澈了。

　　「魏、晉已來，所著諸子，理重事複，遞相模斆，猶屋下架屋，床上施床耳。」前面提到聖賢之書，指的是先秦的經典，魏晉以來，所謂的學者不斷重複聖賢講的東西，競相

效仿，大家都在效仿。不僅僅是魏晉時期，現在亦是如此，所謂的學者都在做類似的事情。「猶屋下架屋，床上施床耳。」意思是聖賢該說的話都已經說全了，再來來回回的解釋沒有意義。

那還要不要解讀聖賢的經典呢？當然要解讀，但不是「理重事複，遞相模斅」，不應該這樣解讀。經典已經把理講得很透了，你講的理能比經典還透、比聖人還透嗎？後世的人來解讀先人的經典，應該怎麼解讀？其實只需要有一個方向，那就是先人的經典在當下如何落實應用，而不是來來回回去解釋聖賢講的是什麼意思。

經典是兩千五百年前的經典，現在已經兩千五百年後了，時代已經變遷到了現在的程度，如何能夠把經典的智慧應用在當下，怎麼應用，在哪方面應用？學了經典，至少能破解自己的煩惱，能解決自己當下棘手的問題，這是一個方向。

顏之推在《顏氏家訓》的序章中，把別人的問題寫出來了，那他要怎麼解決這個問題呢？顏之推學了賢聖經典，首先把它用在教育孩子上，這就是一種落實。用當下能聽得懂

的語言把它解讀出來，按照經典應該怎麼做，這是對的。

　　「吾今所以復為此者，非敢軌物範世也，業以整齊門內，提撕子孫。」顏之推說，我「今所以復為此者」，我說別人「理重事複，遞相模斆」，我為什麼現在也這樣做，「非敢軌物範世也」。軌，典範，範也是模範、榜樣的意思。我不是要以此來標榜，要成為為人處事的典範。「業以整齊門內，提撕子孫」，我的目的是要教育我的子孫，規範、提攜自家的後輩。

　　家訓不是為了出版，不是給別人看的，不是為了寫一部著作讓自己名流千古，所有的家訓都是給子孫看的，總結自己的一生所學、經歷經驗，告訴子孫應該怎麼為人處事。比如諸葛亮的《誡子書》、袁了凡的《了凡四訓》，包括後面要講的朱柏廬的《治家格言》，都是寫給自己的子孫看的。

　　朱柏廬是昆山人，他寫出《治家格言》之後，讓自己孩子、自己的子孫念，天天念，鄰居聽見了覺得挺好，也跟著念，之後越傳越廣，整個昆山的孩子們都在念。大家只知道《治家格言》是朱子所做，誤以為朱子是朱熹，之後就把《治家格言》稱之為《朱子家訓》，朱柏廬也不去解釋。

過了很長一段時間以後，人們才知道這不是朱熹的家訓，而是朱柏廬的家訓。這說明了朱伯廬寫《治家格言》不會以此為標榜，他要的不是這個名，而是為了給自己的孩子們看。

　　所以，顏之推在文中強調，我不是要軌物範世，不是要出名，不是要教別人應該怎麼為人處事，我是教自己的子孫，積的是陰德。

第三節
信其所親，行其所服

我們往下看，「夫同言而信，信其所親；同命而行，行其所服。」同言而信，你說的話孩子他聽了會信服。信其所親，親人說的話孩子會相信。為什麼會信，因為親人不會害我。

父母說的話，我們信不信？小的時候當然會信，因為那時候我們沒有任何判斷能力，尤其是七歲前，這是人的生理結構所決定的，那個時候我們對世界沒有任何自己的判斷，甚至無法評價自己，七歲前我們對世界的所有認知都源自於父母，這就是「信其所親」。

父母說什麼，我就信什麼，沒有任何懷疑的信。這句話其實挺深奧的，涉及到我們的世界觀是如何形成的。世界觀就是我們對世界的看法，對人的看法，它是怎麼形成的呢？其實就是七歲前，我在我的父母那兒形成的，父母的觀點觀念、父母對世界的認知、對人的認知，對我不僅僅是有影響

作用，而是有決定作用。

我們剛來到世間，是無法通過自己去判斷這個世界是怎麼回事的，完全是從父母那裡得知這個世界是什麼樣子。在父母那兒得到了對世界的初步認知以後，它會固化在我們的潛意識之中，之後會不斷的反覆影響著我們一生的所作所為。

信其所親，因為親，所以信，這種信是無條件的信。為什麼要強調這一點？由此可以看出，父母如何認知世界，如何評價他人，包括如何評價孩子，對孩子是多麼的重要。

也許有人會說：「老師，我對整個世界的看法跟我爸就不一樣，他看人做事我很看不慣。我爸是農民，只知道面朝黃土背朝天，一畝三分地，可小氣了，我就不是這樣，我對人做事跟我爸完全不同。」

你所謂的不一樣，是你的意識、你的表層，現實中你可能上了大學，之後參加工作，你覺得好像看不慣你父親的很多東西，但是我告訴你，你的骨子裡、你的潛意識深處，就是你七歲前父親傳輸給你的東西。不要覺得自己好像跟父親不一樣，覺得自己長大以後好像高出父親很多，其實不是那

麼一回事。

　　不僅我們老祖宗這麼說，西方著名心理學家佛洛伊德也一再說：「七歲以後沒有新鮮事。」意思就是人長到七歲就已經成型了。我們是不是還以為七歲上小學，我的人生才開始，我才剛剛開始認識世界，才剛剛開始學東西，七歲之前我是空白的，什麼都不懂。

　　錯了，大錯特錯！七歲之前你就已經成型了，你的情感模式、你的做事模式、你對世界的認知、你的觀念全都成型了。就算是活到八十歲，你還是像七歲時那樣去看待世界，去看待人，這是一定的。

　　「老師，佛洛伊德說的就對嗎？」他說得對，因為有大量的心理學實驗資料在支撐。

　　我們中國人怎麼看待這個問題呢？我們有一句古諺語：「三歲看大，七歲看老。」為什麼我們也這麼說，而且這句話可不是一、兩百年前說的，我們已經說了上千年了。三歲看大、七歲看老，七歲的時候就可以知道這個孩子這一輩子是什麼樣子的了。

　　現在都說孩子要贏在起跑線上，你覺得對孩子來講，

哪兒是起跑線呢？我們是不是還都覺得孩子上小學才開始起跑，所以要讓他上重點小學？如果你真的明白東西方的這些智慧，你就會清楚，七歲已經是終點了。你還以為你的孩子剛剛開始，其實都已經成型了，已經固定了，這多可怕啊！

所以，「夫同言而信，信其所親」，這句話好好理解。信誰？親。誰是親？親就是父母。你不僅是父母生出來的，同時七歲前父母又鑄造了你。就好像父母有個模子，生了你之後，把你往模子裡灌，到七歲時就鑄造好了，樣子就定了。

看到這裡，我想有的同學就要崩潰了，「這怎麼辦？我父母那麼多錯知錯見，格局也不夠，我的模式都這樣了，可怎麼辦？還有沒有辦法改變呀？」

在西方心理學和西方科學體系中，這是不可逆的；但是在我們中華的智慧體系中，是可以改變的，能改變。那怎麼改變？修行，走修行這條路，修行就是從內心最深處去改變自己。但是你得有方法，得找到真正的明師，然後由明師帶著你用正確的方法就能改變。

為什麼一個人的命運能被算出來？為什麼奇門遁甲、命

理、大六壬……等等，能把你的一生推算出來？因為這裡邊有著固定的模式、有固定的東西在，中華祖先就是有這麼一套大智慧，能把你的一生都推算出來，水準高的，可以推算得分毫不差。

中華歷史上這樣的人很多，哪怕他對命理掌握得不是很透徹，也能推算出來個大概。我們身邊就有這樣的人，從小到大我們都可能會碰到，挺神奇的。

但是，所有這些搞風水、命理的人算得再準，一旦碰到修行人，那是一定算不準的。因為修行人的命已經不在這個框架內了，也就是不在固定的模式裡了，跳出去了，這就是修行人。任何算卦的人、再厲害的命理師，他也算不準一個修行人的命。

因為修行修的是心，他的心總在變，他掌握了改變心的方法，這才是修行。如果沒有掌握改變心的方法，只是天天打坐念佛，那不是修行。心沒變，不是修行人；修行人就是心變了，心變了命也就變了。這就是中華的賢聖給我們留下來的智慧，一整套成體系的智慧。

「同言而信」，認同你的話，而且非常的信，因為你是

他的親人，這是孩子七歲之前的狀態。七歲之後，基本上接受不了什麼新觀念了，因為七歲的時候，你的框架已經形成了。就像蓋樓，你的先天是地基。什麼是先天？生生世世的福報和業力都屬於先天，我家族的福報、業力和我個人的福報、業力組成了先天，這是地基。

蓋房子還需要搭建框架結構，上大梁，出生之後到七歲之前，就是在建框架結構，七歲時框架就已經定好了，七歲後只能是在這個框架下加面牆、開個窗。所以，做父母的一定要記住，你對孩子的影響是最直接的，是起決定作用的。

「同命而行，行其所服。」同命而行，是指認同他發的命令，然後去執行。行其所服，為什麼我會認同他的命令，並去執行呢？因為我佩服這個人，我心裡服他，不管他發出什麼命令，我都會心無二志的去執行。

這一句話也很重要，怎麼能讓孩子服你，你發出的指令，孩子怎麼就會不假思索的去認同，然後去執行？你告訴孩子坐好，吃飯的時候要有吃飯的樣子，見到長輩要先打招呼，這是你的命令，孩子怎麼能夠去執行，他服你就會去執行。

那怎麼能讓孩子服你呢？是不是你提的要求自己得能做到，如果你自己都做不到，卻讓孩子去做，孩子能服你嗎？孩子信你，因為你是他的親人，但並不是說你是他的父親，他就聽你的，只有你做到了，孩子心裡才服你，才會聽你的。你自己都坐不正，脖子歪著，卻要求孩子坐直；你自己吃飯大聲，卻要求孩子不出聲，孩子能聽你的嗎？心裡能服嗎？所以要言傳身教。

信其所親，你的觀念、你對自然的認知、對社會的認知，這些要言傳；行其所服，要想讓孩子服你，得身教。告訴孩子見長輩要打招呼，每天早上見面先請安，奶奶好，爺爺好，爸爸好。

你告訴孩子這麼做，你自己做到了嗎？你看見你的母親之後，有沒有打招呼、有沒有請安呢？自己做不到，卻要求孩子服你，要求孩子去做，是不可能的。

「禁童子之暴謔，則師友之誠，不如傅婢之指揮。」禁童子之暴謔，意思是如不想讓孩子過分頑皮胡鬧，應該怎麼做。則師友之誠不如傅婢之指揮，意思是老師畢竟離孩子遠，而身邊的僕人、婢女離他很近，要教孩子，師友之誠不

如他身邊的人，那些天天跟他在一起、侍奉他的人，對他的影響大，孩子身邊的人要比老師直接給他講道理的影響還要大。這其實還是對「信其所親，行其所服」的解釋。

「止凡人之鬥鬩，則堯、舜之道，不如寡妻之誨諭。」如果想阻止凡人之間的衝突爭鬥，堯舜教導的作用，都不如身邊妻子的勸解教誨，身邊的人說的話影響是非常大的。

「吾望此書為汝曹之所信，猶賢於傅婢寡妻耳。」意思是，我希望這部家訓，我的子孫能信一些，比他們婢女、妻子的話能中聽一些。顏之推知道子孫會信其所親，子孫一定會對其身邊的人更為親近和信任，顏之推作為長輩，對子孫的影響不如他們身邊的人。但是他希望這部家訓對子孫能有更大的幫助，比子孫身邊的那些人更有幫助。

當我們讀到這一段的時候，可能很多人心裡不是滋味。如果結合當下孩子的教育來講，我們應該如何來看這個問題呢？我們有沒有發現自己在教育孩子方面出現的失誤，大家身上有沒有出冷汗？有多少人生而不養、生而不教，整天忙於工作，孩子很小就交給了保姆，這種情況太常見了。你想一下，誰跟孩子接觸得多，是你跟孩子接觸多，還是保姆

跟孩子接觸多？還有很多是外公、外婆、爺爺、奶奶在帶孩子。

孩子是跟誰像誰，這一段其實我不想解釋得太清楚、太明白，因為現在太多的家庭是這種情況，孩子的爸爸、媽媽都在工作賺錢，生活壓力也大，把鄉下的奶奶、外婆請過來幫忙帶孩子，要不就是找個保姆帶孩子。你把孩子交給人家了，其實就意味著把孩子的一生都交給了這個人，你自己想想，是不是這麼回事。

我們的古人對於家教、對於孩子的啟蒙教育是非常重視的，尤其是家庭有一定背景的，那些精英層、那些有文化的家庭，或者是官宦之家、富豪之家，對孩子最初的啟蒙教育是非常重視的。這裡我不多講，你知道這個道理就行了，七歲前的孩子跟誰像誰，至少得讓他像媽媽吧！

「老師，孩子是我的血緣，他應該隨我。」你錯了，隨你那是先天的部分，出生以後就是後天了，一個人是由先天和後天兩部分整合而來的。

「吾家風教，素為整密。」這一句話是講顏之推從小受的是什麼教育。風教，指門風及家教，向來規整、嚴密，是

一整套的體系，《顏氏家訓》不是顏之推發明創造出來的，他家一直都是有家風、家教的。

中華其實最晚自周初時期開始，也就是距今三千多年的時候，我們的精英層就已經有了一整套的家風、家訓、家教，胎教都有了。代代相傳，傳到魏晉南北朝的時候，由顏之推把它整理成書，流傳開來。顏之推是總結了自己祖輩代代相傳下來的家規、家教、家訓，所以他說「吾家風教，素為整密」。

其實也可以這麼說，顏之推所寫的這些，在中華古代的家庭中基本上都是這樣，當然我們指的是精英階層、貴族階層的家庭。所以，啟蒙教育這套學問中華自古有之，但是現在沒有了，我們拿過來給大家來講一講。

「昔在齠齔，便蒙誘誨。」齠齔指童年，孩子牙牙學語，哺乳期過了孩子開始吃飯了，就可以開始教化了，在三歲之前就開始。這個時候怎麼教化孩子呢？誘誨，循循善誘。孩子剛會走路、剛長牙、剛學會吃飯，就能開始家教了？是的，走路就是很關鍵的問題。孩子剛學走路的時候，你就得有教化孩子的意識了。

「老師，這是不是不太早了，走路怎麼能開始教化呢？」孩子剛剛開始要走路的時候，要盡量讓他獨立站立和行走，不能事事都幫他，父母只是輔助的作用，這個時候就得循循善誘，告訴孩子要自己學著站起來，鼓勵他自己站起來。

「你非常棒，你一定能站起來。」、「用力，非常好，你自己一定能站起來。」這就是在他的潛意識中不斷的給他種種子，「我一定能站起來，我憑自己的力量就能站起來。」不要輕易的去托著他、扶著他往前走，尤其不要用學步車。

這個時候，父親就得參與進來了。父親是山，是一座靠山，父親要給孩子積極的評價，要給孩子鼓勵，巨大的鼓勵，給孩子力量，給孩子依靠，這樣父親在孩子心裡才能逐漸的成為一座靠山。

這是一門學問，孩子的自信來自於哪裡？就來自於父親的鼓勵。孩子的心理定勢來自於哪裡，就來自於他從出生一直到七歲之間，他成長過程中的每一個階段，父母給予他的正向扶持和鼓勵。

哺乳期的時候，作為媽媽一定要即時滿足孩子，想吃馬上就給他吃的，想玩馬上跟他玩，即時的滿足；到了意識萌芽階段的時候，爸爸要給他正向的鼓勵，鼓勵他探索，鼓勵他獨立。所以說，孩子的自信也好、自律也好、獨立也好，他的個性化也好，其實都是在父母的教誨下形成的。

第四節
魚和魚池

「夫同言而信，信其所親；同命而行，行其所服。」這一段再補充兩句，家庭中教育孩子主要是父親的職責，其實這一段告訴我們，它不僅僅只是父親的職責，整個家庭環境也是非常重要的。

有的時候，師友甚至聖人的教育對孩子的影響，其實都不如孩子身邊最親近的人。這裡提到了師友，提到了堯舜，師友再怎麼說服教育，都不如身邊的保姆、阿姨對孩子的影響大。外邊的老師或者主管、老闆，甚至堯舜這樣的聖人的話，其實都不如家裡母親、妻子的勸誠。

教育子女不是一個人來教育的問題，而是一個家庭的教育。子女和家庭環境的關係，就像魚和魚池的關係，如果孩子有問題，不外乎是先天和後天兩個方面。先天的問題、遺傳的問題在這裡不談，比較深，我們現在只說後天的問題。孩子只要先天沒有問題，後天所有的問題都是家庭的問題，

一定不是孩子的問題。孩子叛逆、孩子有反社會行為、孩子長大以後不知禮數，或是出現各種神經類症狀，基本上都是家庭的問題。

中國人的心理健康狀況是非常非常差的，差到什麼程度？以我們從事心理工作專業人士的視角來講，中國人心理相對健康的，連20%都不到，絕大多數都有心理疾病，心理是有問題的。當然這裡說的心理問題不是指精神病，中國的精神病人也很多，比例也很高。我們說的是神經症，也就是正常人有一定的心理問題，以各種神經症的形式呈現出來。比如恐懼症，對特定事物或情境感到害怕；敏感症，過度敏感；疑病症，總是覺得自己有病、有問題；或是妄想症等各種各樣的心理疾病，包括有時候情緒失控。

80%以上的中國人，心理處於不健康的狀態。平時可能感覺不出來，不知道自己不健康，好像覺得自己的恐懼是正常的。過度思慮、過度擔心，好像覺得都挺正常，別人說一句話說受不了，覺得可能人人都這樣，其實不是的。自己有病不知道，處於一種不健康的心理狀態，這種情況在中國比比皆是。為什麼會這樣？其實就是家庭的原因。

兩百年來，中華一直在苦難當中，吃不飽、穿不暖，還關注什麼心理健康？我們能活著就不錯了。中國人真正能吃上飯，想吃飯就能吃飽，其實沒有多少年。現在還能吃撐，還能營養過剩，我們這是趕上好時候了。這個時候我們才來講家教，講心理健康問題，吃上飯了，生存沒有問題了，我們才來講這些。

　　看看我們之前的五代，他們過的都是什麼日子？水深火熱，哪還管什麼心理健康不健康，活著就不錯了。也就是這幾年，不到五年的時間，中國人才開始重視一點心理問題，覺得應該讓自己的心理健康一點。

　　為什麼現在這麼多孩子出問題？家長其實都挺操心的，但又懂事、又乖巧、又聽話的孩子真的挺少。好多孩子非常叛逆，有的情緒失控，有的一點壓力也承受不了，有的完全無法自律，各種各樣的問題，其實這些都源自於家庭。

　　孩子，一個是養，一個是教。養育孩子是一門學問，主要由媽媽來學，懷孕的時候怎麼做，出生後怎麼把孩子養育好。孩子兩歲半以後，爸爸就得教了，養和教是兩門學問，當然要結合起來，也就是教養學，在古代稱為童蒙學。我的

《精英教養學》講的，就是古人一整套養育孩子的學問，告訴你怎麼養孩子，現在講的是怎麼教育、教化孩子。

「老師，我學了這套學問之後能用嗎？」這套學問不是學了以後就能用的，因為它不僅僅是一套知識，大家一定搞清楚，不管是養還是教，必是言傳身教。要真的想用這一套教養學，得有一個前提，那就是父母的心理得是健康的。

為什麼？這不是學專業技能或知識，專業技能和知識在用的時候是不受情緒掌控的，但是教養學，媽媽得在心理健康的狀態下，才真的能夠按照書上寫的這套學問來帶孩子，不然沾火就著，媽媽自己的情緒都經常失控，再學也沒有用。爸爸也是一樣，學了這一套家教、家訓，已經知道怎麼帶孩子，結果自己心理有嚴重問題，當孩子做什麼事情不受你控制的時候，你就受不了，就會突然爆發。

不該說孩子的時候，不該罵孩子的時候，不該打孩子的時候，你上去就罵、就打，自己不舒服了就打孩子，學再多也沒有用。很多人天天學習，都想做一個好媽媽、好爸爸，但真正具體做的時候不行了，做不了，事後又後悔，這肯定是不行的。

所以，想要魚好，魚池的水得清淨，既有營養還要乾淨，這樣魚才能健康、活潑。真正的家教，養育、教育孩子，首先父母得心理健康。

　　「老師，怎麼辦呢？我控制不了自己的情緒啊。」控制不了就是心理有問題，現在心理諮詢機構也挺多的，有了問題就去面對，全家都受益，大家首先要反思自己的心理是否正常。但現在的問題是，自己不知道自己的心理不健康。

　　有的人看見婆婆就不行，根本忍受不了，不是你告訴她對婆婆要尊重就行，這不是講理就能講通的。現在都歸結為兒媳婦不孝順，這是不可以的，並不是兒媳婦對婆婆不孝順，但是倆人一見面就打，這是為什麼呢？

　　我做這麼多年的個案，很清楚這一點，不是說兒媳婦的道德有問題、兒媳婦不孝順，而是一種病，心理的問題。婆媳關係有很多都是你想像不到的原因，多數是因為兒媳婦的童年創傷，有了婆婆以後，受不了婆婆。不是說多看一些經典就可以說服自己、讓自己更孝順的，這是一種病，有病了就得治。

　　有的人怕黑，住飯店的時候燈都不敢關，恐懼症；有的

人不敢坐電梯，密閉恐懼症，其實都是心理問題。自己處於心理不健康的狀態，這些一定都會體現在孩子身上，第一個受害的人，一定是孩子。父母跟孩子無所顧忌，一受不了就跟孩子連喊帶叫，尤其在孩子小的時候，他們不能反抗，父母有什麼情緒都發洩在孩子身上，之後又後悔，痛哭流涕，覺得對不起孩子，又有什麼用呢？所以，父母心理健康是一個前提。

我講家訓不是一句一句解讀，一句一句解讀沒有意義。大家都識字，而且家訓非常簡單，都是用白話寫出來的，雖然顏之推是南北朝的人，但基本都是大白話，你自己看就行了，網上有很多解讀注釋家訓的，沒必要聽我講。而我要講的，是根據家訓的內容延伸出去的，一些心理學、腦神經科學、量子物理學，以及儒、釋、道經典的東西，跟現實能夠直接沾邊的，讓它落實。

自己看家訓，好像能看明白，但其實如果理不通，也很難解讀得清楚，也不知道為什麼要這樣做。我來解讀家訓，會從各方面盡量多的角度、盡量深一點的層面，把東西方的知識和智慧綜合起來，去解讀家訓，讓你知道它的重要性。

第五節
昔在齠齔，便蒙誘誨

　　接下來，顏之推開始講自己的經歷。

　　「吾家風教，素為整密。」「風」是家風，「教」是家教。從小我的家教就很嚴，「整」是完整，「密」是細緻，很注意細節。

　　顏之推的家教怎麼這麼嚴格？要知道顏之推是誰的後代，顏之推是孔子大弟子顏回的第三十四代孫，他的先祖顏回是五聖之一，顏家的家風、家教從顏回那時候就開始了。雖然顏回去世得早，但他是有子孫的，一代一代詩書傳家。

　　儒學這一套體系之所以能夠成型，顏回起了巨大的作用。沒有顏回哪有六經，他協助孔聖人把六經及儒學的思想體系整理出來，其貢獻太大了。從顏回到南北朝的顏之推，一千多年過去了，顏家的家風、家教一直傳承下來。

　　顏之推寫出《顏氏家訓》，開家訓之先河，也是名留千古。《顏氏家訓》的作用和影響力，甚至超過一些經典，把

經典完全落到了家庭教育上，太落實、太重要了。一部《顏氏家訓》影響了南北朝以後所有的名人，幾乎所有的家訓，包括朱熹的家訓、朱柏廬的家訓都受到它的影響，都是在其基礎上發展而來的，顏之推功德無量。

「昔在齠齔，便蒙誘誨。」「齠齔」指孩子很小的時候、幼兒時期，「誨」是教誨，父母尤其是父親循循善誘。這裡我們要注意，家教從幼兒時期就開始了，《教子篇》裡也會說到這個問題。從西方心理學角度來講，孩子的自我意識開始萌芽的時候，也就是孩子兩歲半至三歲的時候，就要開始家教了，這個時候是家教的最好時機。

「每從兩兄，曉夕溫清。」這麼小的時候，誰對顏之推進行家教呢？顏之推是弟弟，他有兩位兄長，大哥顏之儀，二哥顏之善，顏之推是家裡第三個兒子。古人家教，父親直接教育長子，弟弟出生以後，由長兄帶著弟弟，「每從兩兄」就是這個意思。

同時，這句話還告訴了我們「悌」的概念，一個是孝，一個是悌，孝悌存家。家教首先是孝，孝是等級，在家裡要有等級，這是我們老祖先最重視的。

等級是怎麼來的？是按照天地之道來劃分的，人也按天地之道分出等級。在家庭裡面，父為天，母為地，中間是兄弟姊妹，有長男、長女、中男、中女，少男、少女。孝是等級，悌是秩序，在家裡既講等級又要有秩序，這是不能亂的。

在家裡父親有父親的樣子，母親有母親的樣子。父親是天，天是少言而多威。天對我們不是那麼親近，大地跟我們非常親近，孩子的一切大地都會包容，那是母親。母親要慈愛，接納一切，時時把孩子擁抱在懷裡。天是高遠的，天發威了，狂風暴雨、電閃雷鳴，有的時候烈日炎炎，有的時候溫暖和煦、春風拂面，這就是天，它跟我們是有距離的。

在家裡，父親就是這樣，父親不一定天天在家陪著孩子，那是媽媽大地應該做的事情。父親可以到外邊工作，時不時回家，但是父親的威嚴要在，父親是天，這是等級。

長兄如父、長姊如母，這就是秩序，弟弟、妹妹見到兄長就像見到父親一樣畢恭畢敬，兄長也得有兄長的樣子，要給弟弟、妹妹做榜樣。

「每從兩兄。」我們能想像到這樣的場景，年幼的弟弟

跟著兄長，兄長一邊照顧著弟弟，一邊教弟弟應該怎麼做。「曉夕溫凊」，「曉」是拂曉，「夕」是夕陽西下，也就是每天從早到晚，「曉夕溫凊」就是早晚服侍孝順父母。每天早上，大哥顏之儀帶著二弟顏之善、三弟顏之推，早早起床，梳洗完畢，把自己的小房間收拾乾淨，自己的床鋪收拾乾淨。然後，哥哥帶著弟弟到父母的房間請安。

古時候孩子是要服侍父母的，小小的孩子就該為父母做事了，這是天經地義的，這叫「曉夕溫凊」，從早到晚都有規矩。後面會告訴我們怎麼服侍父母。

我們看兩千年前古人的家訓，會覺得太不可思議了。現在中國的孩子有這樣的嗎？有孩子給父母問早安的嗎？更不要說服侍父母了，根本不敢想這事。有沒有早上父母還沒起床，孩子先起來了，把家裡收拾乾淨，然後敲敲父母房間的門，看看父母起床沒有，給他們問早安。

「爸爸早，媽媽早，我把洗臉水給你們放好了，毛巾放好了，水是溫的，你們起來洗臉吧。」有嗎？我們想想這個場景都會非常感動，但這是不可能的。

「老師，應該這樣嗎？」現在中國的家庭都是父母一大

早就起來了，媽媽又拖地又收拾，然後跑到兒子那兒：「兒子該起來了吧！媽媽把早飯做好了，快起來吧，溫水也弄好了，你起來洗洗臉、刷刷牙。」是不是都是這樣？孩子跟大爺似的往那兒一躺，「不起，晚點！」現在是不是全這樣。但是我們想一想，這是現在的中國，可不代表以前的中國也是這樣。

《顏氏家訓》是南北朝時期的書，魏晉南北朝是中華最亂的時候，到處生靈塗炭，中華在那個時候差一點被滅了種。五胡亂華、五代十國都在那個時期，天下大亂，中原的漢人基本上被北方的少數民族殺光了。

在中華最悲慘的時候、最亂的時候，漢族人都快沒了，家風、家教卻還在堅持著。我們現在說什麼中華要復興，我們的文化要復興，所有的文明、文化難道不是首先在家裡體現嗎？然後才能推之於社會。

看看現在中國的家庭是什麼樣子，連最基本的家庭禮儀、禮節都沒有。我們現在天天叫，年輕人不知道孝順父母了，不知道贍養父母了。但是，年輕人現在不孝順父母，問題是出在年輕人身上嗎？從小父母是怎麼教化孩子的呢？他

受過這方面的教化嗎？不要說我們的孩子，我們自己會不會孝順父母？知不知道怎麼孝順父母？其實我們都不知道。

以為給父母兩個錢，回家看看父母、通個電話就是孝順了？你做的差得太遠了，不是一般遠。

「老師，我忙啊，可忙了。」孩子離開家到社會上之後，就忙起來了，有的十幾年都不見父母，也不回老家，好像奔事業、忙賺錢，這是天經地義第一重要的事。尤其是那些出國的孩子們，白養育、教育那麼多年，父母去世的時候連面都見不到，這就是中國的現狀。

再看看南北朝時候，社會亂成那樣，家風、家教尤在。我們的文化和文明是這樣一代一代傳下來的，可不是拿一個文憑、考個重點大學就能傳承文化的，這完全是兩個不同的概念。

現在大學教的都是什麼？從某種意義上來講，現在的大學是在耗費生命。「老師，你怎麼能這麼說？」現在我們在大學學什麼？只是自然科學的一部分，僅僅是自然科學。絕大多數學生學的是自然科學，人文、人倫、人哲基本上不會接觸。有多少大學生畢業之後一輩子都不會沾他所學的專

業？大學四年難道只是為了拿一個文憑？

　　孩子十八歲以前應該學什麼？自然科學是一定要學的，但這只是一部分，更應該學的是怎麼做人，怎麼把人做好，基本的倫理、基本的道德、基本的禮儀、基本的規範，人文、人倫，這是必須得學好的，但是我們學過嗎？

　　現在的孩子一到三歲，父母就趕快給孩子找一個重點幼兒園送進去，把孩子交給老師，好像覺得孩子教育得好壞都是老師的責任，孩子有任何問題就理直氣壯找老師去，家長天天就盯著孩子學習。應該這樣嗎？老師負責教孩子怎麼做人嗎？那才不是老師的職責呢！

　　現在一說生二胎、生三胎，好多人不敢生，因為一胎不同意，生了也經常痛苦和煩惱，哥哥、姊姊和弟弟、妹妹相處不了，互不相讓。本來家裡一個獨生子，集千萬寵愛於一身，是家裡的小皇帝、小公主。「再生一個是不是就剝奪了爸爸、媽媽對我的關注了？爸爸、媽媽好像更關注那個小的了，我怎麼辦？」家裡有二胎以後，矛盾重重。

　　古人為什麼不會這樣？「每從兩兄，曉夕溫清」，把哥哥教好了，哥哥會和弟弟爭寵嗎？在孩子兩歲半至三歲的時

候就開始教他，告訴他什麼是對的、什麼是不對的，應該怎麼做，對父親應該什麼樣子，對母親應該是什麼樣子。有了弟弟以後，作為兄長應該怎麼做，從小就告訴他，還會出現現在的問題嗎？

中國現在還有家庭教育嗎？我們還知道怎麼教育孩子嗎？根本不懂。別以為博士畢業、碩士畢業、本科畢業就怎麼樣，其實就是一個「野蠻人」，不是這個道理嗎？你想想，你是不是野蠻人？

「老師，我不是，我這麼高文憑，怎麼是野蠻人？」野蠻人和文明人、現代人不是以文憑高低來分的。假如有人突然到你家去拜訪，看看你的家是整潔明亮、井然有序，還是垃圾遍地、衣服扔得到處都是。現在如果不打招呼就到誰家去，是極大的不禮貌，不僅僅是不禮貌的問題，是太嚇人了。

「我再十分鐘就到你家了。」「你晚點、晚點，我家裡可亂了，不行，你晚點來。」「晚多久時間？」「兩小時以後吧。」然後趕緊收拾。現在是不是都這樣？你不是野蠻人？

「老師，家裡亂就是野蠻嗎？」是的，家裡亂代表什麼？代表你沒有秩序。家規、家教從哪裡體現？不是看你出門以後穿得光鮮亮麗、溫文爾雅就行。

　　家規、家教一定是從小開始，從「曉夕溫清」入手，從起床開始。睡覺之前幹什麼，什麼時候起床，起床之後幹什麼，從這兒入手。

　　文明從哪裡來？文明不是從經典當中來，而是從日常的作息中來，首先看的是你有沒有文明的習慣和習性。你有沒有家規、家教，不是看你有沒有禮貌，那已經是表現於外的了，最關鍵的是看你能否自律，有家規、有家教、有教養者，必是自律者。

　　一個人的作息時間是否規律，家裡是否整潔，這是一個習慣，這個習慣從什麼時候開始養成，從齠齔這個時候就開始了，也就是兩歲多就開始要養成這個習慣了。

　　所以，為什麼要解讀家訓，你好像覺得能看懂，但真的能看懂嗎？可能你自己看《顏氏家訓》的時候，這句話一下子就過去了，這裡面有太多深意，別看字面簡單，含義可是很深的。

一句「每從兩兄，曉夕溫凊」，家的場景就出來了。孩子們如果守禮，一定早早就起床，自己把衣服穿好，衣冠整齊，把房間也收拾好，然後一起到父母那兒問安。

「規行矩步，安辭定色，鏘鏘翼翼，若朝嚴君焉。」「規行矩步」，走路有規矩、有規範。這告訴我們，孩子從小言行舉止就要端端正正、規規矩矩，這是不是家教的開始？我們注意過孩子怎麼走路嗎？他怎麼站著、怎麼走路、怎麼坐著，我們規範過嗎？

「安辭定色」，講的是孩子的表情、狀態、態度，神情平和、言辭懇切，這其實就是表情管理。你管理過孩子的表情嗎？

「老師，孩子自由自在、蹦蹦跳跳的多好，為什麼管他的表情呢？」中華自古以來，不要說精英層或者貴族階層，就算是中產階層或者普通人，對孩子的管理都非常嚴格，只有遠離人群的山野村夫才不去管孩子。

「老師，這話說得太狠了，難道我們都是山野村夫？」對了，孩子走路、孩子說話、孩子的表情，如果你什麼都不管，放任自流，你就是山野村夫。孩子並不知道什麼是對、

什麼是錯，什麼時候應該是什麼樣的表情狀態、言行舉止，孩子是不知道的，必須要明確的告訴他。

　　要明確告訴孩子怎樣走路。「老師，怎麼走路我如何告訴他呢？」站一定要直、要挺，走路腰不能彎，腿不能撇。有的孩子往那兒一站，背駝得厲害，作父親的就得馬上朝他背上一拍，「背挺起來，怎麼能這麼站著？歪歪扭扭的，成何體統，站直！」兩、三歲就要這樣，一點一點孩子就養成習慣了，覺得應該站直。

　　從小開始管，孩子是不會反抗的，所有長大以後管不了的，那一定是該管的時候沒有管。孩子兩、三歲時應該開始管，但是你沒有管，等孩子七、八歲了你怎麼管？等到十五、六歲的時候，更管不了了。孩子反抗、不聽話，長大以後行為不合禮規，你看著痛心，但是沒有辦法。所以，一定要早早開始進行這樣的教育。

　　連孩子的神情、表情都是要管的，不能太嬉戲，跟長輩在一起的時候要誠和敬。當然，跟同輩在一起玩耍的時候，開心、蹦跳，那是沒有問題的。但是在公共場合，如果大叫、跑跳，是不允許的，從兩、三歲就開始管，不允許、不

可以打擾到別人，這是最基本的。

　　現在我們出去吃飯，只要有孩子在場，你就別想說話，孩子跑、跳、喊、叫、哇哇哭，那個熱鬧，家長看到卻不管，不知道別人都煩成什麼樣子了。打擾到別人了，家長卻不管，那是孩子的問題嗎？這是家長的問題，家長不知道禮節，不懂。

　　「鏘鏘翼翼」，恭敬有禮，小心謹慎，見到父母就像朝臣見到威嚴的國君一樣。孩子怎麼能做到這一點？孩子很小的時候，家裡面的氛圍就得是這樣的。

　　「老師，那不是太壓抑了嗎？一點都不快樂，太委屈了。」不是的。現在中國家庭最大的問題是太放肆了，一點規矩都沒有。哪個家庭不是長輩為晚輩服務？晚輩一個個都跟大爺似的，在家裡為所欲為。孩子在父母面前、在爺爺、奶奶、外公、外婆面前，坐沒坐相、站沒站相，嬉戲無禮，家人還都看著笑，這在古代是大逆不道，長大以後必是敗德之人。

　　孔子說：「不學禮，無以立。」孩子如果從小不做好家教，長大以後就是敗德之人。

現在中國最嚴重的問題，是大家都不知道應該怎樣規範孩子、應該怎樣教育孩子，都在寵愛孩子，尤其是獨生子女，恨不得把所有的好東西都給孩子。吃飯的時候，把最好吃的給孩子，爺爺、奶奶不吃，父母不吃，讓孩子先來，孩子吃好了以後，長輩再吃剩的，家家都是如此。

　　培養出的孩子自私無禮，長大以後就是敗德之人。到了社會之後，覺得最好的東西都得是我的，你們都得關注我、關愛我，我想怎麼樣就怎麼樣，我不開心、不滿意就跟你作對、跟你鬧、跟你吵，現在是不是這樣？

　　我是考慮了一段時間才決定講家訓的，我不太想講，因為太扎心了。它不像講其他的經典，都是虛的東西，跟現實沒有什麼直接的關聯，大家都愛聽。如果你現在沒有孩子，或者孩子一、兩歲、兩、三歲都還好，聽了這門課以後，知道該怎麼做了。

　　如果孩子已經挺大了，已經七、八歲、十幾歲、二十多歲了，怎麼辦？一看孩子那樣，以前覺得是孩子自己的問題，現在發現不是孩子的問題，而是自己的問題，是父母的問題，扎心不扎心？但那也得講，從我的角度要讓大家知

道，想不想做是你的問題，能不能做到是你的問題，但是你得先知道。

　　其實這個道理並不難理解。比如我家裡養一個小寵物，養一條狗，首先是不是得選品種好的狗，選黃金獵犬、邊境牧羊犬、德國牧羊犬這種。養的時候，如果牠剛來，小小的時候就開始嚴格訓練牠，小狗長大以後就會規規矩矩的，特別聽話，不會亂咬人，不會亂吃東西，也不會亂破壞。

　　但是，再好的品種，如果從小不嚴加管教，或者乾脆放任自流，等狗長大以後再教就教不出來了。就算養一條狗，還得從小開始教，讓牠守規矩，長大以後才真的能夠為你所用。小狗也不痛苦，從小就告訴牠這樣，牠覺得就應該這樣，習慣了，也就不壓抑了。

　　孩子也是一樣，從他兩、三歲的時候就告訴他，應該怎麼做、怎麼做是對的，長大以後不會壓抑的，不會痛苦的，也不會說規矩怎麼這麼多，絕對不會。如果孩子小的時候你不教，長大了以後發現問題了，然後讓他改，他才會跟你對著幹，才會反抗，是不是這個道理。

　　但是，對狗我們會訓練，聽話就給好吃的，不聽話就

打牠。可是對人，對我們自己的孩子，不行，下不了手，不能罵也不能打。我一定要讓孩子集萬千寵愛於一身，讓他從小就開心，只要他開心，全家都高興。放到狗身上，我能做到，不心疼，打牠兩下沒問題，我兒子可不行，誰也不能碰。這就是中國人。

「吾家風教，素為整密，昔在齠齔，便蒙誘誨。每從兩兄，曉夕溫清，規行矩步，安辭定色，鏘鏘翼翼，若朝嚴君焉。」這一段話在中國有幾個家庭能做到？還說什麼中華文明要崛起，中華文化要大興？放下吧。

中國古人是什麼樣子，我們文化大興、文化鼎盛的時候是什麼樣子呢？看看日本，看看韓國，看看臺灣，看看新加坡。這麼說大家可能心裡會不舒服，我都不舒服了，我不愛這麼說，為什麼總看人家？

日本是跟我大唐學的，學到現在，那種禮儀、禮節，包括乾淨整潔的程度，是跟我大唐學的。大唐是禮儀之邦，日本派遣唐使跟我們學，學了以後傳承到現在。而韓國是跟大宋學的，臺灣和新加坡跟我們是同一個祖先，只是人家把祖先的這些都繼承了下來。臺灣也好，新加坡也好，繼承了

多少不好說，不一定比日本、韓國繼承得多，但是已經足夠了。

而我們現在到中國大陸看一下，這個傳統還有嗎？為什麼我們現在幾乎沒有家庭教育了，為什麼？就是跟西方學的。西方拋棄所謂的傳統，拋棄所謂僵化固執的封建禮教，而追求自由。什麼叫自由？放任，孩子都摸不得、碰不得、打不得、罵不得，現在的孩子在學校被老師罵一句就跳樓了，老師對孩子都得小心翼翼的。

有沒有發現，跟古代相比，現在基本上都反過來了。家長對孩子、老師對孩子都是「曉夕溫凊，規行矩步，安辭定色，鏘鏘翼翼，若朝嚴君焉」，這就是中國的現狀。

大聲說都不敢，都哄著孩子，就怕孩子反抗，抑鬱了、跳樓了，那可不行。你只要學習好，一切放任；學習不好不行，學習好了啥都行，讓我給你洗腳，讓我把所有好吃的都給你，甚至讓我叫你爹都行，怎麼都行，只要學習好，這就是中國的現狀。

哪還講什麼做人？講什麼禮儀？講什麼規矩？只要學習好，你只要能拿到文憑，行了，我的任務完成了。最後孩子

文憑拿到了，但既沒有智商又沒有情商，還不懂禮儀，沒有規矩，怎麼做人都不知道，拿一個文憑有什麼用！現在不是這樣嗎？是不是倒過來了？家長看見孩子，只要你學習，我小點一聲，我們不看電視，好吃的全是你的，讓我們做什麼都行，只要你學習好。可悲不可悲？

所以現在的孩子不成器、不成才的太多了，在家裡表現出來的是對父母、對長輩不孝不敬，不知敬畏，到外面不知道怎麼跟別人打交道，不會做人。有文憑就成功了嗎？有文憑沒教養的比比皆是。這怎麼行？文化復興還遠著呢，不是喊句口號，文化就可以復興的。

中國的文明與文化，曾經屹立於世界之巔峰，所有的國家和民族，都得派人到我們這兒來，羨慕我們、仰慕我們，我們代表的是人類的最高文明。而現在呢？中國人是有錢了，但是出去之後大家都瞧不起，不是有錢了別人就瞧得起你的，你得讓人家真的服你。

這一段講的是孩子從小要怎麼訓練，要怎麼規範，他的神情狀態、舉止言行，這些都要從細節上去要求。要求了他才能做到，然後一點點形成習慣，長大以後就好了。

第六節
賜以優言，勵短引長

「賜以優言，問所好尚，勵短引長，莫不懇篤。」這一段講的是父母要以什麼樣的態度對待孩子，這很重要。

「賜以優言。」可不是上來就打，完全不是那個概念。父母尤其是爸爸，媽媽一般對孩子都很慈愛，我們說嚴父慈母出孝子，「嚴」不是一定要威、怒、黑臉，不是那麼回事。「嚴」是指父親有父親的樣子，不怒而自威，對孩子的態度要溫和而堅定。不能聽了我的課以後，成了一個暴力的父親，動不動舉起鞭子來打孩子，絕對不可以那樣。

如果你在該教育孩子的時候就開始教育孩子，根本不需要打孩子。孩子兩、三歲的時候，父親有父親的樣子，開始告訴孩子什麼該做、什麼不該做，這樣的孩子對父親的敬是發自內心的，言傳而身教。但是你對孩子的態度要溫和而堅決，能做就是能做，不允許做的就是不允許做。

如果在孩子很小的時候就這樣規定了，孩子大了以後不

會反感，會覺得父親有威嚴，但是父親並不可怕、不暴力，這一定要搞清楚。

「賜以優言」，以溫言勸勉，講道理。

「問所好尚」，關心孩子喜好什麼、喜歡什麼，對哪方面感興趣，這是不是一種陪伴和關心？

「勵短引長」，主要講父親怎麼跟孩子相處。在跟孩子不斷接觸、不斷談心的過程中，來看哪些方面是他的短處，哪方面是他的所長。任何孩子都是這樣的，有所長必有所短，有所短也必有所長。

一定要記住，千萬不能否定孩子，尤其是不能對孩子有負面評價，父親一定要記住這一點。「勵短」而不是揭短，比如孩子膽小，「這孩子膽子太小，你膽兒怎麼這麼小？」這可千萬不行，做父親的對孩子不能進行負面評價，開玩笑都不可以。

為什麼？七歲以前的孩子對自己是什麼樣的人，是完全沒有概念的，他不知道自己是什麼樣的人。我是勇敢的人嗎？我是膽小的人嗎？我是聰明的人嗎？我是機靈的人嗎？我是善良的人嗎？我是心軟的人嗎？孩子對自己沒有任何評

價。七歲前的孩子沒有建立自我評價的機制，他對自己的所有評價全部來自於父母，尤其是父親。

這四個字用得多好，「勵短引長」，不是看不見孩子的短處、缺點，能看到，但是一定要鼓勵孩子。比如我們經常會拿自己的孩子跟鄰居的孩子比，說別人家的孩子，看人家孩子五歲就會背唐詩多少首了，自己家的孩子卻一首也不會，背也背不出來。

「老師，是不是不應該比較？」是不應該比較，永遠不要拿自己家的孩子和別人家的孩子比，這是原則。但是，現在的社會風氣就是這樣，攀比，我家孩子比別人家強在哪兒，別人孩子比我家孩子強在哪兒，這是非常不好的風氣。要比是跟自己比。

但這是理，我們做不到這一點。孩子的短處，孩子不如別人家孩子的地方，你知道，孩子也知道，但這個時候可不能否定你的孩子。如果跟別的孩子在一起的時候，有的媽媽說：「我的孩子已經背了十首唐詩了。」結果，咱家孩子一首都不會，你有時候可能還會去謙虛一下：「你看我這孩子記憶力不太好，背了好幾天一首也背不下來，你兒子三天背

十首，多聰明啊。」

　　你在這兒謙虛一句，就會把否定的記憶種在孩子的心裡，孩子聽了以後會印在他的心裡，一輩子都磨滅不了，在他內心最深處留下了這麼一個印記：我記憶力不好，我笨。

　　甚至還有什麼樣的父母？比如自己的女兒舞蹈跳得特別好，上臺表演得很成功，下來以後大家都說：「你的女兒怎麼這麼優秀，怎麼這麼好呀！」你一聽不好意思，謙虛說：「我女兒舞跳得很好，但是學英語可笨了呢，那方面就不如你們的孩子了。」是不是有這樣謙虛的家長？你謙虛，你心裡是樂的，好像也讓別人開心開心，把自己女兒的短處跟他們說一說。但是我告訴你，你這就害了自己的女兒了。

　　有的父母對孩子進行負面的教育、否定式的教育。孩子優秀的時候，他們心裡高興，但是怕孩子翹尾巴，怕孩子太自信，得意忘形，就故意打壓孩子。千萬要記住，「勵短引長」，這在家庭教育中是非常非常重要的。不要否定孩子，要鼓勵他、激勵他，做正面的教育。

　　這樣，你給他種的都是正面的、積極的評價，你所有這些對他的評價，在他長大以後，就是他這輩子對自己的評

價，他的自信，他對自己的自豪感就源自於此。「勵短引長」，讓他的長處不斷發揚，把短處彌補了，再變成他的長處。

「莫不懇篤。」父母親尤其是爸爸，在這方面要注意，「懇」，懇切，「篤」，誠，特別誠，讓孩子非常感動。父親不僅有讓孩子守規矩的嚴厲，同時又得督促孩子上進，在孩子身上用心，不斷激勵、鼓勵孩子，循循善誘。這是兩方面，這才是父親之恩、教養之恩。

第七節
肆欲輕言，不修邊幅──成長經歷的轉折

「年始九歲，便丁荼蓼，家塗離散，百口索然。」這一句講的是顏之推的經歷，他受教育的過程。

「年始九歲」，顏之推九歲的時候，「荼」是苦菜，「蓼」是野菜，他的生活發生了巨變。顏之推年少的時候家境還是不錯的，他的父親顏協也是比較有成就的。顏家是孔子最得力的弟子顏回的後人，顏家人丁一直都不是很旺，二十二代單傳。

顏家對子弟的家教抓得特別嚴，非常嚴謹，從顏回開始好幾十代，家風一直如此。所以「吾家風教，素為整密」不是隨便說的一句話，在歷史上是有記載的。

顏家前期一直居住在山東曲阜，後來遷往他處。顏家代代研讀《周禮》和《春秋左傳》。後面會寫到，顏之推長大之後特別喜歡研究《周禮》和《左傳》，其實都源自於其家傳。

顏之推九歲時，他的父親去世，一下子家道中落。顏之推有兩位兄長，大哥顏之儀，二哥顏之善。顏之儀比他大八歲，顏之善比他大五歲，顏之推九歲的時候，大哥才十七，二哥才十四。

　　我們要知道，在古代，男人就是家裡的頂梁柱，父親去世了，家裡面馬上「便丁荼蓼，家塗離散，百口索然」，意思是一下子生活變得艱難了，過不下去了。

　　父親顏協在世的時候，對孩子的管教非常嚴格。歷史記載長兄顏之儀三歲就能背誦《孝經》，老二顏之善遊手好閒、不愛學習。顏之推從小就很聰明，父親對他寄予了很大的希望，從小抓得特別嚴，天天督促他讀書。

　　顏之推在七歲的時候，就能背誦《魯靈光殿賦》，已經很不簡單了，有很多大人都背不起來。父親顏協一直告誡自家的子孫們，他們是孔子第一大弟子顏回的後代，一定不能給先祖丟臉，抓得特別嚴。

　　父親去世以後，不僅是家境中落了，這個時候顏之推才九歲，還沒有成型呢，學問沒有成型，做人做事也沒有成型，父親去世了，就沒有人教導和督導他了。

「慈兄鞠養，苦辛備至；有仁無威，導示不切。」要知道，對古人來講，女人是不能出去工作的，沒法出去賺錢，只能是兄長來養弟弟。長兄才十七歲，二哥才十四歲，二哥才比顏之推大五歲，都是孩子，怎麼養家？後來大哥、二哥為了養家糊口當兵去了，就那麼點兒軍餉，僅僅夠生活而已，特別辛苦艱難。

「有仁無威，導示不切」，什麼意思呢？顏之推那個時候很小，才九歲，大哥、二哥無法照料他，也沒法教導他。大哥又非常仁慈，捨不得懲罰弟弟，所以導致哥哥「有仁無威」，對他的管教不嚴格。

「雖讀《禮》《傳》」，雖然顏之推喜歡鑽研《周禮》和《春秋左傳》，這是他們家的傳統，多少代都鑽研《周禮》和《春秋左傳》。「微愛屬文」，「屬文」是寫作，意思是比較喜歡寫寫文章。也就是說，顏之推讀書沒有落下，但是沒有父兄嚴屬的督導他，對他沒有嚴格的家規、家教了。

「頗為凡人之所陶染，肆欲輕言，不修邊幅。」這句話的意思，雖然顏之推讀書沒有落下，但是和凡人、俗人、普

通人，這裡指的是沒有教養的人，在一起玩，在一起打打鬧鬧、肆欲輕言。

我們想像一下，他家以前是官宦之家、讀書之家，父親督導都是按照禮，按照家規、家訓要求自己的子孫，同時讓子孫從小就開始讀書。父親去世之後，兄長「有仁無威」放縱他，儘管讀書沒有落下，但是受到鄰居影響，跟一些不良少年，沒有什麼家教、沒有什麼規矩的人在一起，受他們的薰陶和傳染，變得肆欲輕言、不修邊幅。「肆欲」，不受控制，想做什麼就做什麼，說話也沒有分寸，想怎麼說就怎麼說，也就是我們說的沒有教養。

教養是什麼？家教、家教，到底教什麼？教的是分寸，也就是灑掃、進退、應對。灑掃是什麼意思？清晨即起，灑掃庭除，所有家訓、家教裡這一定是第一位。沒有睡懶覺的，一定是清晨即起，太陽出來馬上就得起床，這是家教的第一步，起床之後馬上疊好被子，這都是細節。

現在有好多年輕人，不只是年輕人，還有不少老人、中年人，不愛疊被子。早上睡到自然醒，醒了以後被子也不疊。現在疊了晚上不是還得鋪嗎？那不是多事嗎？起床

之後，被子在床上一堆，洗把臉，化妝倒是花了好長的時間，把自己打扮得漂漂亮亮的，家裡卻跟豬窩似的，這是現代人。

古人家教第一步是灑掃。誰來灑掃？孩子來灑掃。孩子早早就起床，把自己的小被子疊好，把自己的房間打掃好，然後到父母房間打掃，再到庭院。現在都反過來了，哪有孩子起床還灑掃的，都是父母收拾，把飯做好，孩子什麼也不用做，碗都不用洗。

一個是灑掃，一個是進退，進退即是度。看見長輩要行禮，而且要保持一定距離，同輩之間應該如何保持距離，見到長輩、見到老師應該什麼樣，見到父母應該什麼樣，灑掃、進退、應對，都非常重要。什麼時候該說話、什麼時候不可以說話，什麼時候不可以大聲喧嘩，在什麼場合下應該怎麼做，具體的家規、家教裡，都有嚴格的規定。

有人說：「老師，現代社會搞這種『封建禮教』的東西，是不是有點過了？是不是太壓抑了？」

現在中國就是沒有了所謂的「封建禮教」，變成肆無忌憚了。不要說灑掃了，進退根本不知道，不知道如何掌握分

寸，什麼時候應該說什麼話，什麼時候該閉嘴，跟長輩應該
怎麼說話，跟老師應該怎麼說話，跟同輩應該怎麼說話，都
不知道，最基本的禮節都沒有。太多的年輕人，不只是年輕
人，現在中國人都是這樣。

　　灑掃、進退、應對，這是家教中最最基本的東西，我
們現在基本都已經沒有了。為什麼我們到了集體生活之中，
比如很多大學生到了學生宿舍以後適應不了，因為我們只知
道學習，只在意考試的分數，其他什麼都不懂，這是最大的
悲哀。

　　顏之推在九歲之前，他父親在世的時候對他督導甚嚴，
不僅讓他背誦詩書，學習《禮》、《傳》，同時還在家規、
家訓方面對他嚴格督導。即便如此，他在父親去世之後，還
是受到了周圍鄰居的影響，變得「肆欲輕言、不修邊幅」。

　　什麼是修邊幅？我們的衣冠、言行、舉止，都是要符合
場合的。平時早上出門要穿什麼樣的衣服，穿著背心褲衩、
踩著個拖鞋就出去了，甚至穿著睡衣就出去了，這都是不修
邊幅。在什麼場合應該著什麼裝，這是一種尊重，同時也是
一種禮儀、禮節。

我應該是什麼樣的梳妝打扮，應該是什麼樣的髮型，應該是什麼樣的做派，應該是什麼樣的服裝配飾，甚至什麼顏色，都是有講究的，都是要合乎禮的。所有不符合禮的、肆意妄為的、任性的，就是不修邊幅。

　　顏之推反思自己從小到大的經歷，其實是想告誡大家，應該如何教育孩子。顏之推很有才華，成人之後遇到很多機會，尤其南北朝時期，朝代更替特別快，歷經磨難但機會也很多，可是他一直坐不到高位。

　　歷史上記載，有幾次要重用顏之推的時候，最後卻沒有重用他，就是因為他的「肆欲輕言，不修邊幅」。他的一位好友是朝廷高官，知道他的才華，說服了帝王給他一個官做，而且官還不小。

　　當拿著詔書的使者找到顏之推的時候，發現他喝醉了酒，躺在門外的大馬路上，這詔書還怎麼給？使者回來之後，跟帝王及顏之推的好友說了他的狀態，喝醉酒了衣衫不整地躺在外面，好友一聽，馬上請帝王把詔書撤回，不再推薦他了。這就是顏之推，光有才是不行的。

　　為什麼顏之推在《顏氏家訓》的序裡要寫這八個字，

「肆欲輕言，不修邊幅」，這是他的切身經歷。因為「肆欲輕言」他得罪了好多人，也給自己帶來了幾次殺身之禍。該說的話不知道怎麼說，不該說的話亂說，沒有分寸。在官場中，如果「肆欲輕言」，豈不是會給自己帶來殺身之禍？簡簡單單的八個字、兩句話，都是切膚之痛。

我們為什麼要講家訓？想想自己，想想孩子，是不是這種情況？你知道什麼是分寸嗎？你有沒有「肆欲輕言」，有沒有喝點酒什麼話都說？在不適當的場合說了不適合的話，甚至有的時候你不知道應該在什麼場合說什麼話，見什麼人說什麼話。

「老師，難道我們就說主管喜歡聽的話？」不是的，這不僅僅是跟主管說話的問題。灑掃、進退、應對，從小就要在家長的指導下練習，跟什麼樣的人保持什麼樣的距離，跟什麼人可以親近，跟什麼人是需要有距離的，界限在哪裡；說話是要有分寸的，什麼話可以說，什麼話不可以說，都是要從小練的。

「老師，你說一個標準，跟父母應該怎麼樣，跟長輩應該怎麼樣，跟主管應該怎麼樣，跟老闆應該怎麼樣，跟相關

部門應該怎麼樣。」

　　沒有標準，那是一種感覺。有的孩子家長也沒教，但是他天生就有這種分寸感，就會說話，知道在什麼場合說什麼話、著什麼裝，應該是什麼樣的舉止做派，在什麼場合可以放開，什麼場合必須謹小慎微，什麼場合是如履薄冰。

　　但是多數人都不是天生的，是需要教化的，三歲開始教化，後面一點點形成這種感覺。誰來教化？父母，在家裡教化，這就是家教。你以為你教孩子什麼？

　　現在的家長，孩子三歲上幼兒園就扔給老師了，讓老師教。老師才不負責教化，老師只是教他知識，可能教他認字，教他彈鋼琴，帶著他玩，但老師不負責教化。教化是父母的職責，尤其是父親。

　　我們看顏之推，父親去世之後就沒有人教化他了，母親不負責教化，母親能照顧孩子的飲食起居就可以了，教化是父親的事情。父親去世後，按古制來講，是兄長教化弟弟，結果兄長不負責任，對弟弟只是疼愛有加，但沒有威嚴督導，也就是在家教方面，沒有延續父親對弟弟的嚴厲督導，放縱了弟弟。弟弟被鄰居的孩子帶壞了，變得任性、放縱、

肆欲輕言、不修邊幅。

這裡有沒有怪兄長的意思？「慈兄」，都說嚴父慈母，這裡的「慈兄」是褒義詞還是貶義詞呢？雖然兄長養育了他，但卻沒有教化他，才導致了他之後一生的坎坷。

顏之推書沒少讀，還愛寫文章，功課沒落下，但是家規、家教這些落下了，怎麼做人不知道了。結果一生歷盡艱辛，有幾次重大的機會都沒有抓住，就是因為從小在這方面的訓練缺失了，這就是他寫《顏氏家訓》的意義和目的所在。

我為什麼要講家訓？現在在中國講家訓其實非常不合時宜，沒有人願意聽。但是大家看看我講的家訓，想一想孩子，真正有家教的孩子，進入社會之後成功機率會不會高？現在全都盯著孩子的能力，會不會背唐詩，會不會數學，英語怎麼樣，都在比分數，全都不注重家教，只教孩子考試的能力、做事的能力，但是沒教孩子怎麼做人。

中國人現在最欠缺的就是這方面——怎麼做人，最基本的做人之禮，最基本的禮節、進退、應對都沒有。沒有人教，就只能自己悟，但這些是自己能悟得出來的嗎？中華老

祖宗幾千年、上萬年前就有這套智慧，一直這麼流傳下來。

我們看現實中那些成功者，以前都是憑膽子大，誰膽子大誰就容易成功。但是近十年、二十年，可不是誰膽子大就能成功的，那個年代和階段已經過去了。現在要想成功要求可就要高一點了，不僅要會做事，同時也得會做人，甚至要想成功，會做人可能比會做事還要重要。

我講家訓的意義和目的就在於此。

如果你的孩子現在還小，或者你現在還沒有孩子，聽一聽這門課就知道，自己有了孩子以後應該怎麼教他了。我們都想要孩子健康開心，健康是第一位，開心是第二位，第三是有成就。只是健康、開心也不行，孩子長大以後也得有價值感、有成就，到社會上要很好地融入這個社會，被社會所接納。

真正有教養的孩子，進入社會以後貴人是不是多？幫他的人是不是多？因為他有禮節、知進退、懂應對，真的有禮、有節、有義，會做人、情商高。這樣的人主管也願意提拔，老闆也願意提拔，機會就會多，成功機率就大。你難道不希望自己的孩子是這樣的嗎？

我們天天都在跟其他孩子拚分數，分數僅僅是一方面，那是做事的能力。文憑不代表一切，不是說上了清華、北大，這一生就一定能超越於常人，不一定的。這是智商，僅僅是智商高還不行，還得情商也高。

　　什麼是情商？與人溝通的能力。是說誰有心機或者誰親和，就是情商高嗎？不是的，情商的基礎是知禮、知進退、懂應對，在此基礎上才能如魚得水，見到什麼人說什麼話。

　　「老師，是不是見人說人話，見鬼說鬼話，完全沒有原則？」不是這個概念。要想做事就得圓融，怎麼能圓融？如果連最基本的禮節都不懂，最基本的進退都不知道，怎麼應對都不知道，哪有圓融？

　　現在這個階段來講家訓，是中國人最需要的，尤其是做家長的最最需要的。以前我們不知道中華還有這一套智慧，我們一味向西方學，強調民主、自由，讓孩子開心，最後孩子就只剩下開心了。

　　在家裡也自由，想要幾點起床就幾點起床，想要疊被子就疊被子，想吃飯就吃，不想吃就不吃；要民主、平等，覺得自己跟父親是平等的，跟爺爺是平等的，學西方人對父親

直呼其名，對母親直呼其名，對爺爺、奶奶直呼其名，見到父親了上去就抱、就親，然後拍拍肩，「你別管我，你管你自己」。

你以為西方都是這樣嗎？現在中國人跟西方學的，把人家的糟粕全學來了。西方的等級觀念是最強的，那些有身分、有地位的人，那種等級、界限、禮儀，缺了能行嗎？我們在電影裡看到的，全都是西方的平民，平民是自由自在的，不需要守什麼禮，開心就好。

現在教育孩子是不是就是這樣，孩子開心就好。這是庶民的教育，平民、老百姓就是這樣，孩子開心就好，不需要有那麼大的壓力，不需要那麼多規矩和禮節，自由自在就行。

「老師，我們是不是全是庶民？」現在中國是階層重新劃分的時候，不要以為我們沒有階層。打破了原來的階級、階層，必然會有新的階級和階層，這是一定的，只要有人就必然會有階層。這個時候對於每個中國人來講，都是非常好的機會，是千載難逢的機會，歷史上少有的機會，不以軍功論階層。中國古代都是軍事分封制，建國時有軍功者，家族

世世代代榮華富貴，是貴族階層，其他人都是平民階層，各種規定、規矩、禮節特別嚴格。只有現在，中國不是軍事分封制，也就意味著平民都有機會跨越階層。

機會就擺在我們每個人的面前。像我這個年齡沒啥機會了，但是我們的孩子也許會有機會。要想跨越階層，只是考試分數高是不行的，基本的家教、教養必須得有，從小就得訓練。

不要盯著學鋼琴、學畫畫、學英語、背唐詩，不能僅僅盯那些東西，家規、家教、家訓，怎麼做人，這方面必須也得同時關注，這就是我們從《顏氏家訓》從中學到的東西。

顏之推用自己的一生告訴大家，要想很輕鬆地成功應該怎麼做，他在九歲的時候家教有了缺失，直接影響到他的一生。

「年十八九，少知砥礪，習若自然，卒難洗蕩。」九歲沒有了父親，過了十年，「年十八九，少知砥礪」，「砥礪」，即努力，這裡指的是努力讀書。但是「習若自然，卒難洗蕩」，雖然他在努力讀書了，但是習性、習慣已經養成了，可不是那麼容易就改得過來的。

什麼習慣養成了改不過來？「肆欲輕言，不修邊幅」，這個習慣養成了，沒法改了，這話說得多痛切。書沒耽誤讀，很努力地讀書，從小就喜歡讀書，屬於天才少年，但是家教、教養耽誤了，不會做人、不知進退。「習若自然，卒難洗蕩」，改不了，十年時間，後面影響了他一生。

第八節
起點和終點

「十年有那麼重要嗎？我十八歲以後再改，再學習家訓，學習怎麼進退、應對，到社會上去學。」錯了，大學畢業都已經二十多歲了，更是「習若自然」，習性早已養成，改什麼改，一輩子都改不過來。

「老師，我碰到嚴師了，督導我。」那也不行，那不是知識，不是積累的東西，不是用點功就能改變的。三歲的時候就得開始這麼做，形成一種模式，成為一種慣性。

長大之後做起來的時候，模式就在這兒，早起也不覺得難受，早起之後灑掃庭除，也不覺得不舒服。見了長輩、見了老闆畢恭畢敬，在施禮的時候，尊重別人的時候，會很自然，不覺得有問題。

但如果等十八歲之後到社會上再學這些，會很彆扭，心裡會不服。做的時候沒法由心，會覺得很難，覺得別人在強迫你。即使形式上做了，心裡也會覺得很難受，會覺得壓

抑，這不是長大之後能學得來的。你總是嚮往自由，總是嚮往開心、無拘無束，見到老闆拍拍他肩膀，「大哥，你來了。」這多舒服、多自在、多平等，那是你要的。

從小的開心自由、民主平等，也就是放縱，會讓我們有一種非常非常不好的慣性需求，就是對多巴胺的需求。多巴胺這種激素分泌會讓我們開心，一旦多巴胺分泌得多、分泌得快，我們就會被本能所控制。越自由、越自在、越無拘無束，多巴胺分泌得就越多，我們就形成了一種對多巴胺的渴求，上癮了。一旦被拘束，多巴胺不分泌了就會難受，跟吸毒一樣，人體其實就是這麼回事。

我在《精英教養學》裡也講了很多這方面的內容。三歲的孩子就得開始嚴格要求，不能放縱，要延遲滿足了。孩子簡單、直接的本能欲望，如果迅速得到滿足，大腦就會分泌多巴胺。比如打遊戲開心，放不下，為什麼？一打遊戲多巴胺就出來了；一放肆大笑、大罵，多巴胺就出來了；要玩具父母馬上滿足孩子，多巴胺就出來了。

不斷的即時滿足、本能的滿足、欲望的滿足，都會刺激大腦不斷分泌多巴胺。當多巴胺一直不斷的分泌，就相當於

中毒了，就像吸毒一樣，產生了依賴。

　　長大以後也是如此，我想要的必須馬上得到滿足，不滿足我就不活了，痛苦得不得了。我想打遊戲，父母把我的手機沒收了，把電腦沒收了，不讓我打遊戲，那我就跟父母拚命，這不是跟吸毒的症狀一樣的嗎？

　　所有這樣的孩子都是父母害的，三歲的時候不知道限制孩子，只是一味地滿足他、放縱他，跟西方學那些所謂的自由、平等。越是平民的孩子越放縱，越是控制不了自己，越是無法自律，越是無法堅毅地做一件事，其實都是中了多巴胺的毒。

　　所以，如果必須在嚴厲地管教孩子和完全放縱孩子這兩個極端中選一個，寧可選嚴厲地管教孩子。被限制的時候，大腦就不分泌多巴胺了。需求欲望一旦被延遲滿足，或者經過努力和勤奮付出獲得了滿足，大腦會分泌另一種物質——內啡肽，它會讓我們有成就感和價值感。

　　我們一定要讓內啡肽多分泌，如此一來，孩子就會嚮往這種成就感和價值感，付出以後得到補償，這也是我們身體的一種自我獎勵。如果孩子一有欲望就被輕易地滿足，會

直接刺激他大腦中多巴胺的分泌；而艱苦付出之後大腦會分泌內啡肽，會有一種成就感、價值感、滿足感，也是一種快感。孩子三歲的時候，家長的教育模式、家長如何與孩子互動，就決定了孩子是內啡肽模式還是多巴胺模式。

西方的平民教養、主流教養，都是告訴大家怎麼分泌多巴胺。而我們的先祖從夏商周開始，就有一整套蒙學教育，從孩子三歲起就開始家教，開始磨煉他，從家規、家訓開始磨煉，這就是內啡肽模式。我們的聖人，那些有成就者，都是經過艱苦努力、經歷磨難，奮鬥拚搏，最終有所成就的，我們推崇的是這樣的人。

所以，不要以為給孩子吃口飯，長大以後給他買房子，考上大學拿個文憑，父母就盡到責任了，不是那麼回事。孩子長大以後變成什麼樣的人，是由父母決定的，再直接些說，是由父親決定的。母親要養育孩子，父親要教化孩子，教化孩子是父親的責任。

西方心理學的大量實驗告訴我們，孩子十八歲以前可以分為三個階段，其中三至七歲對孩子影響力最大的是父母，尤其是父親，這時的孩子只聽父母的話。三至七歲的孩子是

沒有鑒別能力的，他剛來到這個世界，覺得這個世界是完全陌生的，不知道什麼是對、什麼是錯，沒有自我鑒別的能力，父母說什麼對他就認為什麼是對的，對孩子來講父母就是天。

三至七歲的孩子，如何認識這個世界、如何看待這個世界、如何看待人與人之間的關係、如何看待財富、如何看待情感，所有的這些觀念都是來自於父母。七歲時一個人基本就成型了，他的思維模式、行為模式基本就成型了，之後就很難再改變了，這是非常可怕的。

什麼是起點？我們一直在說，不能讓孩子輸在起跑線上。哪裡是起跑線？哪裡是起點，哪裡是終點？很多人覺得七歲才是起跑線，該上學了，找一所重點小學，開始嚴格要求孩子學習，不能落下。

錯了，七歲已是終點。起跑線是剛懷孩子的時候，甚至是懷他之前，父母剛認識的時候。你找什麼老婆，其實是在給孩子找媽；你要嫁什麼老公，其實是在給未來的孩子找爸，這才是起跑線。古人說：「三歲看大，七歲看老。」七歲已經是終點了。

七至十二歲對孩子影響力最大的是老師。七歲以上的孩子就不聽父母話了，父母在他心裡的影響力已經小了，而學校老師對他的影響力最大。三至七歲看父母，七至十二歲的時候要找個好老師，能夠尊重孩子、鼓勵孩子、支持孩子，這樣的老師就是好老師，而且還得是嚴師。

　　老好人、一團和氣的老師絕不是好老師，嚴師才能出高徒。但並不是那種否定型的、謾罵型的、暴力型的、侮辱型的，否則再嚴厲也不是好老師。既嚴格要求學業，同時又嚴格要求孩子的舉止言行，這樣的老師是好老師，如果孩子上學能遇到這樣的老師，那真是三生有幸，孩子會受益終生。

　　什麼樣的父母是好父母？嚴父慈母是好父母。父親不嚴厲、不督導孩子，不教化孩子，放任自流，天天讓孩子開心，什麼都妥協，這絕不是好父親。

　　現在中國的普遍狀態是慈父嚴母，都是母親管教得特別嚴厲。父親一團和氣、老好人，保護孩子不受傷害，天天跟媽媽對著幹，「你為什麼這麼嚴格要求孩子？你讓孩子開心不好嗎？孩子壓抑了能行嗎？」這樣所謂的慈父，一味仁慈的絕不是好父親。家有嚴父慈母，上學有嚴師，這是福。

第三階段，十二至十八歲。這個階段的孩子不聽老師的了，受偶像和夥伴的影響最大。偶像會直接影響十二至十八歲孩子的世界觀、價值觀、人生觀，還有跟他一起玩的夥伴、好朋友，這方面一定要注意。

　　顏之推為什麼長大以後「肆欲輕言，不修邊幅」，就是受他朋友的影響，這麼大的孩子最容易受朋友的影響。這時候，如果做父母的發現孩子跟不良少年接觸了，或者有這樣的鄰居，或者學校有這樣的朋友，趕快轉移，絕不能讓他們繼續接觸。一旦發現這種苗頭，比如學校風氣不正，或者鄰里有壞孩子，都已經玩到一起去了，寧可賣房子搬家。

　　十二至十八歲之間的孩子，跟什麼人接觸，他的偶像是什麼人，做父母的必須要盯住、看住，絕不能接觸壞孩子。孟母三遷，寧可把房子換一下，換到高級一點的社區，讓孩子跟上進的、知書達禮的、有禮有節、有教養的孩子經常在一起。

　　這一段顏之推對自己經歷的敘述，讓我們認識到，沒有父親的嚴厲督導，致使他的習性就這麼養成了，後面受累一生。

顏之推九歲的時候父親去世了，家庭巨變，由長兄顏之儀帶著他艱難度日。長兄比較仁慈，捨不得打罵弟弟，對弟弟的管教「有仁無威」，導致顏之推雖然讀書，但是不知禮節，言行舉止沒有父兄的嚴厲管教和督導，一生都是「肆欲輕言，不修邊幅」，想改也很難改。

　　這說明一個非常重要的問題，對於孩子的教養來說，讀書和知禮、守規矩、有修養是兩個概念。不要覺得孩子讀書好、學習成績好或者學了鋼琴、舞蹈等等就會守規矩、懂教養，不是那麼回事。

　　顏之推用自己的實例告訴大家這個問題，他九歲喪父之後讀書並沒有耽誤，還很喜歡讀《春秋》和《周禮》，但是讀書和教養是兩個概念，並不是讀書讀得好就有教養，也不代表不讀書就沒有教養。

　　作為家長一定要搞清楚，我們教化、教養孩子，包括兩個部分：一部分是知識類的學習，讓他讀書，培養他的業餘愛好；一部分是規矩、禮節、禮儀、言行舉止。知識類的學習一定代替不了教養、修養，不是說讀書了，會背《唐詩三百首》，會背《詩經》就懂禮節、知規矩、有教養，這完

全是兩個概念，必須從兩個方面同時教化。

七歲前的孩子以哪方面為主呢？七歲前的孩子要重規矩、重家教，也就是怎麼說話、怎麼坐、怎麼站，言行舉止。在七歲前以家規、家教為主，而不是以學習知識為主。

七歲前的孩子不要給他硬性灌輸什麼知識，應以和小朋友們一起玩耍、觀察大自然為主，盡量不要在知識方面給孩子過多壓力，或者給孩子安排過多功課。七歲前孩子的大腦發育是不適合這樣的，不要教他數學、背唐詩，但家訓一定要嚴格把關。

孩子怎麼說話、他的站姿、坐姿、睡姿是否端正，吃飯的規矩、平時與人交流和溝通的規矩，言行舉止，這些是非常重要的，都是七歲前打下的底子。七歲以後才開始進行知識類的教育，這一點一定不要弄錯了。

現在很多家長從孩子三歲起，孩子懂事可以學習了，就開始盯著孩子學習，提早學習數學、語文、英語。千萬不要這樣，這不符合大腦發育的規律，這樣只會毀了孩子。

七歲前的孩子一定要讓他多觀察世界，多到大自然當中，多和孩子在一起溝通、交流、玩耍。少給他灌輸知識類

的東西，不要讓他機械記憶，一點意義都沒有。少學數學，那是邏輯性的東西，七歲前的孩子根本不具備多少邏輯思維的能力。

如果搞太多邏輯和機械記憶的東西，對孩子來講會形成巨大的壓力。他的大腦還沒有發育到那個階段，提前讓他學習，灌輸機械記憶的東西，讓他進行邏輯思考，只會是揠苗助長，損害孩子大腦的發育，上學以後就會發現孩子注意力不集中，千萬不要這樣。

在我的《精英教養學》裡，這方面的理講得很多也很透，結合了西方心理學的實驗和腦神經科學的實驗。

我們一定要做一個真正客觀的家長，不要去跟別人比。覺得鄰居家的小明能把《唐詩三百首》倒背如流，自己家的孩子怎麼就不行，千萬不要比這個。玩耍是非常重要的，七歲前的孩子一定要讓他跟朋友在一起，他們之間去交流，他們一起去玩，去觀察大自然，這是非常重要的。

同時，更為重要的是教孩子家規、家訓，灑掃進退。早上早早起床，培養他把自己的小床、小房間、小玩具都收拾乾淨，養成清潔的習慣。要有好的作息習慣，一定不要讓孩

子睡懶覺。現在很多家長根本不重視這方面，讓孩子睡到自然醒，甚至睡到九點、十點，晚上不睡早上不起。小的時候如果不形成一套良好的作息習慣，長大後對孩子的危害是非常非常大的，這一點一定要注意。

從作息時間開始，該什麼時候睡覺就什麼時候睡覺，早上早早起床。什麼時候起床，什麼時候讓孩子醒，我在《精英教養學》裡寫得很詳細。

最簡單的，窗簾不要很密、很厚，早上把陽光擋住，這樣不好，一定要讓第一縷陽光能夠照進房間；晚上睡覺的時候，如果窗外的燈光很亮，用窗簾遮一下，不要讓外面的燈光照到房間裡，睡覺的時候房間裡不要太亮，越黑越好。作息時間直接影響到我們的生命節律，這很重要。

現代人很多處於亞健康的狀態，都是因為作息時間完全不符合大自然的節奏而導致的，很多人會生病、萎靡不振，都是因為生命節律被打亂了。

現在電燈對我們的危害很大，一到晚上燈火通明，跟白天一樣。大家晚上不睡、早上不起，睡到自然醒。對年輕人來講，最可怕的就是睡到自然醒，一個民族如果人人都想睡

到自然醒，各方面的影響太大了、太可怕了。

　　我們在進行家教時一定要記住，從孩子的作息時間開始，小小的時候就要開始養成良好的作息習慣。真正好的作息習慣，就是完全跟上大自然的節奏，日出而作，日落而息。太陽出來的時候就得起床了，不管大人、小孩還是老人，第一縷陽光照進房間時，我們就該起床了。「老師，是不是起太早了？」其實這就是自然的規律。日落而息，太陽落下之後我們就應該睡覺了，這是最好的作息時間。

　　但是現在根本做不到這一點，尤其在大城市裡，怎麼可能做到日落而息？太陽下山也就六、七點鐘左右，正是夜生活開始的時候，好像晚飯之後生活才剛剛開始，一直搞到半夜十二點、凌晨一點，非得到非常睏了才肯睡。這是現在太多疾病、太多亞健康狀態的根源所在，尤其對孩子。

　　現在為什麼很多孩子小小年紀心理就不健康、不正常了？你說他經歷過什麼刺激性事件嗎？沒有。他的生活哪有那麼艱難、困苦，現在有幾個父母打孩子的？為什麼孩子心理不健康，現實中碰到點事情就受不了了，要麼厭學，要麼極度叛逆，要麼抑鬱，要麼自殺？

最新統計資料顯示，目前中小學生中心理不健康的、有抑鬱傾向的孩子占 24.6%，100 個孩子中接近 25 個孩子有抑鬱傾向。孩子應該這樣嗎？不應該呀！做家長的只是關注孩子的學習，甚至從三、四歲就開始關注孩子的學習，反而沒有關注家規、家教，怎麼教孩子做人，怎麼樹立正確的人生觀，做人最基本的素養完全沒有。

　　不知道怎麼帶孩子，只要學習好，只要比其他孩子優秀。優秀在哪方面，不是說做人多好，不是說多麼守規矩，不是說多麼有教養，不比這些，只是比學習成績，然後比課外的才藝班，誰參加奧數了，誰學了舞蹈了，就比那些。那些東西對孩子來講是最次要的，主要的東西反而都不在乎了。

　　為什麼會這樣？說白了是家長不懂，不是不想做，是不知道怎麼做，這就是我講聖賢家訓的初衷所在。知道了才能行，知行才能合一。都希望孩子健康快樂，健康快樂是第一位的，然後再說學習多麼好，業餘愛好多麼好，再跟別的孩子比優秀。

　　健康都沒有的孩子，有抑鬱傾向的孩子，讓他比學習成

績不是要孩子命嗎？當健康沒有的時候，孩子不開心、不快樂了，哪會有好成績？即使有好成績，也是逼出來的。多少抑鬱的孩子上大學之後跳樓，出國以後自殺，根本無法融入到正常的學習和工作、甚至家庭當中。

顏之推感嘆自己這一生，書沒少讀，從來沒間斷過，但九歲喪父，父兄的督導、管教出了問題，養成了不好的習慣，影響了他的一生。

「每常心共口敵，性與情競，夜覺曉非，今悔昨失，自憐無教，以至於斯。」每每「心共口敵」，心口不一。「敵」是衝突，每每情緒失控的時候，自己「肆欲輕言」，控制不了就要發洩出來，這是典型沒有教養的狀態。

開口就直言，想說什麼就說什麼，想指責誰就指責誰。每當控制不了自己情緒的時候，口是心非的時候，「性與情競」，「性」是本性、善性，「情」是情緒，「競」是競爭、衝突。

「夜覺曉非」，晚上冷靜下來再回想白天做的事，發現有問題。早晨做的事不對，不應該那麼對母親說話，不應該對老師無禮，不應該跟同伴任性、跟同伴爭是非。顏之推好

在還能有自我察覺，但是總是迴圈，「今悔昨失」。我昨天怎麼又失控了，我怎麼又對主管這麼說話了，脾氣上來為什麼又跟老婆吵起來了……

現在的年輕人為什麼都這樣？很多人還以此為傲，覺得自己自由自在，想怎麼說就怎麼說，這是自由，我願意，我不犯法，你能把我怎麼樣！坐公車不讓座給老人，憑什麼讓座給他？有法律規定我必須讓座給他嗎？我不違法你能怎麼樣？我跟母親說話、跟父親說話、跟老師說話、跟主管說話就這樣，我不違法，你能怎麼樣？這就是現在的年輕人，小的時候沒有管教，養成了任性妄為的性格脾氣。

從《精英教養學》來講，是孩子前頂聯合區的發育問題。人與動物的根本區別在於人是可以自律的，人是可以養成一種習慣控制好自己的，不會像動物一樣一切行為都是靠本能；覺得應該做什麼、不應該做什麼，在欲望和本能出來之後能壓制住它。做一件事情，能艱苦卓絕，忍住痛苦和磨難，一定要把事做成，這種行為只有人類才能做到，動物是做不到這一點的。

為什麼家規、家教、家訓這麼重要？孩子兩歲半、三歲

左右的時候，他的前頂聯合區、前額葉區域開始發育，標誌著孩子要成人了，要脫離動物的本能本性了。三歲之前是動物，三歲以後才是人，從三歲開始，就要加強家規、家訓、家教，要訓練孩子，把他從動物的本能訓練成人的理性。

從規矩、修養這個角度嚴格、嚴厲地管教他，孩子自然就形成一種自律。孩子長大以後自然就能夠專注，能夠隱忍，能夠不隨意發脾氣，能夠完全控制好自己的情緒，這一點太重要了。

為什麼五千年以來，中華祖先最重視的就是家教蒙學？七歲前家教做好了，蒙學學好了，奠定孩子這一生成功的基礎。他是有理性的，他是懂規矩，能夠自控、能夠自律的，他的情緒不會因為自己的得失、榮辱而失控，這一點非常非常重要。

孩子長大以後，他的健康、快樂、成就都是建立此基礎之上，不能自律的人、無法自控的人，再聰明也不會有成就。他再聰明、再多的努力，一旦情緒失控，一下子就前功盡棄，這就叫火燒功德林，所有的努力搞不好一下子全都毀掉。

為什麼失控？為什麼控制不了自己的情緒？為什麼跟老婆或者老公吵起架來時，什麼狠話都說、什麼失控的事都幹，而後才又開始後悔，「我不應該這樣，我當時失控了，我歇斯底里了。」一次、兩次、三次、四次，或許你的老公或者老婆能原諒你，但是如果經常這樣，任何人都原諒不了你。為什麼經常失控？怎麼就控制不住自己的脾氣？這就跟三至七歲時父母對你的管教有關。

　　「老師，有些人他爸管得可嚴了，打他可厲害了，又打又罵。」錯了，不是說打罵嚴厲就是管教，要看打什麼、罵什麼。現在所謂的父親教育，孩子完全是無序的，完全是自己的情緒發洩。

　　父親自己有很深的創傷，一點小事就暴跳如雷，否定孩子、打孩子、打老婆，在家裡他是天，自己不順心了誰也別想順心，這可不是家教。父親對孩子的態度要威嚴而不是暴力，要溫和而不是否定。父親首先要控制好自己的情緒，嚴父並不是暴力的父親，千萬不要理解錯了。

　　這種暴力和失控，是會一代一代傳下去的，暴力的父親後面必有一個暴力的兒子，這是一定的。哪怕兒子再恨暴

力，父親打老婆、打孩子，兒子長大以後就算表面看著溫文爾雅、文質彬彬，骨子裡卻是帶著暴力的。結婚以後看他打不打老婆，打不打孩子，他控制不了自己的手。打完了以後痛哭流涕，下跪求原諒，「我錯了，下回再也不敢了。」但下回喝點酒後，一旦生氣了又會動手，暴力是一定會傳下去的，除非在某一代把家族暴力的根源解除，才會斷掉。

家教中我們對孩子的態度，顏之推在《顏氏家訓》裡寫得很詳細，後面會好好給大家講。

為什麼顏之推「每常心共口敵，性與情競」，口是心非、控制不了自己的情緒，天天晚上後悔，但第二天又控制不了，根源所在是他任性慣了。什麼樣的孩子長大以後會有成就，除了高智商、高情商，還要有堅忍的意志，這三點加起來，長大以後才有可能成功。

如果自己的情緒控制不了，生活習慣、工作習慣、學習習慣都有問題，那就是家教沒有做好，這樣的人就沒有教養、沒有修養，學歷再高也沒有用，書讀得再多也沒有用。現實中有沒有那種書讀得很多，一張口滔滔不絕、口若懸河，但是沒有修養、沒有教養、不懂規矩的人？情商高最突

出的表現在於情緒的控制，太多所謂的高人、某一領域的專家，情緒卻控制不了。

還有一種情況是離不開舒適圈，也就是現在說的佛系，總是讓自己特別舒服，不奮進、不拚搏、不能面對磨難、沒有意志力，「怎樣都行，沒關係，舒服就好」，這樣的人能成功嗎？佛系是一種病，這種病很難治，基本治不了。

你嫁老公如果找一個佛系的，那這輩子就跟著他一起遭罪吧，別想有什麼成就。什麼事都無所謂、沒關係，好也行、不好也行，租房子住也一樣，騎自行車也很舒服。為什麼離不開舒適圈？這也跟小時候的教化密切相關，前頂聯合區的發育，也決定了我們的意志力。什麼是成功者、什麼是有意志的人，就是能隨時打破自己的舒適圈，不讓自己那麼舒服。

別人娛樂唱歌的時候，我要背經典、學國學，你覺得舒服嗎？人家在那兒放縱，在那兒開心、喝酒、玩鬧，而我必須得控制自己，每天一定要讀幾篇經典。這是不是需要強大的意志力去抑制自己放縱的本能？這種自律、堅韌，都是從小時候的家教中來的。真正懂家教的父母，一定從小培養孩

子的自律，培養孩子的堅韌，培養孩子的情緒控制。怎麼能做到這一點？比如作息時間嚴格規定，孩子必須守規矩，應該怎麼吃飯、怎麼坐、怎麼站，不可以隨隨便便，從點點滴滴的生活細節開始，就得對孩子有嚴格要求。

「孩子是不是太壓抑了？老師，孩子受得了嗎？那麼多規矩。」記住，孩子如果從小就這樣子，大了以後不會覺得壓抑，這已經成了他生命中的一種習慣，一旦形成習慣了，怎麼會覺得壓抑呢？他會覺得應該是這樣的，如果不這樣，反而會覺得不應該。

比如清晨即起，灑掃庭除，太陽出來了我就得起床，這是一種習慣，起床之後是有一定程序的，把我的小床打掃乾淨，把我的被子疊好、枕頭放好、周圍的小玩具收好，自己的小空間打掃乾淨，再把小院子打掃乾淨，自己梳洗打扮，這是一種習慣。一旦養成了這種習慣，長大以後會非常自然的這麼做，如果不做，反而會很難受。

有家教、有規矩的孩子，他睡醒起床以後，你到他的臥室看一下，整個房間是不是乾淨、整潔，這是一點。第二，住旅館時，尤其是中國人，覺得住旅館無所謂，反正房務員

都得收拾，自己就不收拾了，起床後把床鋪搞得亂七八糟全是垃圾，就等著房務員來一起收拾。

真正有家教的人是受不了的，儘管有房務員收拾，但是自己的模式一旦養成，就算是在旅館裡，起床以後也會把床鋪收拾得乾乾淨淨、整整齊齊，模式、習慣是很重要的。旅館退房的時候，房間裡一堆一堆垃圾，滿地都是，一看就是沒有家教，沒有養成好的習慣。

習慣是從小養成的，比如跟長輩規規矩矩說話，跟同輩有理有據、保持距離，說話的語音語調和態度，都是從小練出來的，長大以後自然而然見到老師和長輩畢恭畢敬，表情、姿態得當，語音語調都很好聽、很柔和。

有人小的時候亂喊亂叫、沒有規矩，長大以後粗聲大氣的，這時候再想改就很難了。遇到正式的場合，人家都文質彬彬、彬彬有禮的，特別符合這個場合，你到那兒以後卻覺得自己好像是異類，參加不了，太壓抑了。

你覺得壓抑，但人家從小練出來的不會覺得壓抑。如果半路出家，也就是小的時候放任自流，十歲以後再教育他、給他定規矩，就會發現規矩定不了，孩子會覺得壓抑、受不

了，「為什麼要這樣控制我？我自由慣了、任性慣了，我想喊就喊、想叫就叫、想唱就唱，你們為什麼要約束我？」

比如電影《鐵達尼號》中的 Rose，她家是後來才進入貴族圈的，她怎麼覺得那麼壓抑？為什麼那麼渴望自由？因為從小沒練過，小的時候張揚慣了、衣服寬鬆慣了、無所謂慣了，長大之後再讓她穿那種很緊的衣服，那樣走路、那樣說話、那樣吃飯，她受不了。但是如果從小教她，她就自然而然形成了習慣，不會覺得壓抑，反而放縱才會覺得受不了。

不是有錢了進到那個圈子裡就是貴族，完全不是這個概念。有錢，但是沒有教養、不懂規矩，就是土財主、暴發戶。《鐵達尼號》裡還有一個角色，非常有錢的胖夫人布朗，家裡開金礦的，但是受不了那些規矩，其他貴婦就很瞧不起她，大家都瞧不起暴發戶。

不管有沒有錢，我們培養下一代時，都要注意從小就培養他的貴族氣質。萬一哪天你家有錢了呢？一下子事業成功了呢？那時再培養孩子的貴族氣質就晚了。不要一講這些就說是封建殘餘，是以前留下來的臭規矩，不要有這種抵觸心

理。貴族之所以這樣教育孩子，是因為這樣的孩子長大以後成功率極高，一代一代傳下去的可不一定是錢。如果只留錢給孩子，結果不知道教化孩子，孩子沒有家教、不懂規矩，長大以後「肆欲輕言，不修邊幅」，有錢又有什麼用呢？永遠都是土財主、暴發戶，無法進入精英社會。

要培養真正的貴族，有貴族氣質和習慣，最少得三代。現在的中國一代都沒有，哪有什麼精英層、貴族。有的人有知識，他是博士、院士，是某方面的專家、科學家，但是有知識並不代表有教養；有個人可能有錢，但是永遠都不可能得到別人的尊重。現在中國人最需要的不是錢，賺錢容易，現在最需要的是好的家風、家教，守規矩，需要的是氣質風度，能夠融入精英階層的素養。

如果你的孩子從小就注重這方面的訓練，長大以後他的機會就會多，貴人很多，想幫他的人很多。而他所融入的圈子必然不是「肆欲輕言、不修邊幅」的那些人，他融入的圈子一定是精英層，也就是我們說的貴族。即使沒錢也可能因為自己的氣質和素養而受人提拔，獲得很多機會。賺錢不是多困難的事，反而是家規、家教方面一定要加緊，我們作為

父母先學好，然後用在孩子身上。

　　現在的孩子拚的，真的不僅僅是學習成績，這並不是說學習成績不重要，如果是知名大學畢業的碩士、博士，步入社會以後所謂的層面高度、就業的廣度、所接觸的人一定是不一樣的。學習成績、文憑當然重要，但是在當前的社會狀態下，也絕不是有好的學習成績、考上知名大學、讀了碩士、博士，就能夠成功的。

　　隨著社會的不斷發展，孩子進入社會的門檻更高了。大家都在盯著學習，你是知名大學畢業，我也是知名大學畢業，進入社會之後誰更有機會？誰更有教養、誰更懂規矩、誰的情商更高、誰的情緒控制得更好，誰更有堅韌不拔的精神和意志，誰更有氣質，誰才能獲得更多的機會。

　　也就是說，在所有有學歷、有文憑的人當中，你如何能做到更優秀、更脫穎而出？你想一想，在現實中有沒有吃過這方面的虧？如果你是主管的話，同樣是知名大學畢業的，你選誰？你給什麼樣的人機會？

　　現在的社會，對孩子長大以後的要求更高了，我們必須盡快讓自己的孩子把教養這部分彌補上。如果孩子比較小，

就要注意多方面培養孩子，從三歲就開始教化孩子，讓孩子守規矩，提升他的情商、自律自控能力，培養他的氣質、素質。

顏之推後面說：「自憐無教，以至於斯。」這種放任的習性形成了，長大以後改不了，天天後悔、天天痛苦。成長過程中，父兄對自己督導不嚴，只是讓自己讀書卻不教化，才導致了現在這個樣子。

「追思平昔之指，銘肌鏤骨，非徒古書之誡，經目過耳也。」這句話的意思是，我給大家講的都是我這一生所經歷的，是我的親身經歷，刻骨銘心。「非徒古書之誡」，絕不是我從書本上學來的間接的知識，「經目過耳」，經過我的眼睛看了，再傳到你的耳朵裡，不是那麼回事。《顏氏家訓》是顏之推的血淚史，絕不是他從書本上得到的東西。

「故留此二十篇，以為汝曹後車耳。」「後車」，後繼之車，指借鑒。我留的這二十篇文章，是寫給自己子孫的，不是要寫給外人流傳的，家訓裡面句句都是真言，沒有虛的東西。顏之推推心置腹地把他這一生的血淚史，刻骨銘心的經歷寫成這二十篇，每一篇都非常深刻，所以才能流傳一千

多年。

　　不是經典的早已被淘汰，能流傳千年的必是經典，必定非常深刻。歌曲不也是如此嗎？為什麼有的老歌大家都喜歡唱，一定是經典才能留下來。家訓也是，中國歷史上太多太多的家訓，但《顏氏家訓》是所有家訓當中首屈一指的，是寫得最好的。

　　以上就是《顏氏家訓》的《序》。

第四章
《顏氏家訓》之《教子篇》（上）

接下來講《教子篇》，《教子篇》是《顏氏家訓》的第一篇。

「上智不教而成，下愚雖教無益，中庸之人，不教不知也。」這裡把人分成了上、中、下三類。

上智，即生而知之，這類人屬於先天帶來的，不需要教，不教而成。從小知書達禮，不管有沒有文化，但是整個人的狀態、素質、氣質就是不一樣。

也許父母不知道怎麼教化，也沒有那些家規、家教，可能生在貧寒之家，可能父母沒有時間管教他，但人家生來就與眾不同，亭亭玉立、氣質非凡、做事通達、堅韌，這樣的人不需要給他講這些，他自然就清楚明白。

「怎麼能有這樣的人？咱們的孩子都這樣多好。」這是可遇不可求的，祖上積了大德的子孫才能如此。歷史上有

沒有這種人？當然有。比如孔氏家族，到現在兩千五百多年了，哪出過幾個逆子？書香門第一代代傳承。那是人家祖上孔聖人積了大德，對中華積了大德。

還有范仲淹范氏家族，八百多年也是出了很多學子、名人，敗類很少，這都是積德而來的。「先天下之憂而憂，後天下之樂而樂」，這是什麼樣的境界，一人積德，子孫受益，確實是這樣。

所以，我們現在做人做事，一定要考慮到一點，不僅僅是為了解決生存的問題。來聽課的同學，基本上都沒有什麼太大的生存問題，賺更多的錢有什麼意義？生不帶來，死不帶去。當生存沒有什麼問題的時候，我們就得考慮怎麼積福積德了，一是為自己，二是為子孫，這一點真的非常重要。

我做這麼多年的個案，可以說是閱人無數，就發現現實中有的大富大貴者，就是所謂的上智之人。出生在農村或者山裡，家裡特別貧困，父母早早出去打工，根本照顧不了他，但是他的氣質、素養、綜合的素質就是不一樣。在看他的事業、財富、婚姻時，往往都能發現，其祖上有積大德之人。

這好像是迷信，其實不是那麼回事，這是先天。先天對於一個人來講，真的具有很大的決定性作用，打好基礎，有一個好的先天，後天哪怕在惡劣的環境下，也不會受到汙穢的影響。

　　我們所講的家訓，都是著重於後天的，都是孩子三歲以後的事情，在後天怎麼給孩子創造一個好的環境，怎麼教養、教化這個孩子。但是先天和後天哪個占的比重大？當然是先天占的比重大。

　　有的孩子是教化不了的，有的孩子卻不需要教化，「上智不教而成，下愚雖教無益」，不是只要父親嚴格按照家規、家訓來教化，孩子就都能成才，能知書達禮，能氣質非凡的，有一部分孩子是教不了的。還有一部分孩子不需要教，人家比爹都明白，自己守得住，從小就很自律，能控制好情緒、懂規矩。

　　「中庸之人，不教不知也」，這一類普通人必須得教。所以上、中、下三類人，家訓只適合於中等人。「老師，我是不是中等人呢？」80% 的人都是中等人，10% 是上智之人，不教而成；10% 是下愚之人，雖教無益。中間 80% 是

中等人，我們基本都是中等人，包括我也是。中等人的父親，用家規、家教訓練中等人的孩子，大多數都是中等人，「中庸之人，不教不知也」。

第一節
聖王也有胎教之法？

　　「古者，聖王有胎教之法。」這一句話如果被西方教養學、心理學領域的學者看到，一定會令其震驚。顏之推是南北朝時期的人，距現在近一千五百年了，他說的「古者，聖王有『胎教』之法」，一千五百年前的人說的「古者」，由此可見，真正的兒童教育，成系統的、成熟的胎教，哪個國家、哪個民族最早？這可是我們古籍裡直接記載的，流傳了近兩千年的經典。

　　從伏羲開始，女媧、炎帝、黃帝、神農氏、堯、舜、禹、周文王都可以稱為聖王。最後一代聖王是孔子，在所有的古之聖王當中，只有孔子不是真正的人間帝王，沒有實權，被尊稱為「素王」。

　　孔子之後無聖王，有王，但不可稱聖。從這一句可以知道，我們中華民族從何時起就開始注重胎教了？我們的胎教之法什麼時候就有了？黃帝、堯、舜、禹那個時候就已經有

胎教之法了。這太可怕了，五、六千年甚至一萬年前，中華的文明當中，就已經非常注重胎教了。

我們如果細細研讀經典，就會發現西方的心理學、教養學跟中華根本沒法比。心理學的故鄉是哪裡？中國。中國從聖王時期起，從黃帝、堯、舜、禹那個時候就已經開始研究心了。中華的十六字真言「人心惟危，道心惟微；惟精惟一，允執厥中」，說出這句話的時候，已經把心學研究得很透了。

可怕嗎？我們現在還天天學西方的心理學，西方的心理學跟中華的怎麼比？西方心理學從佛洛伊德算起還不到一百年，因為集體潛意識的發現，就成了偉大的心理學家。

而我們的老祖宗掌握心的運行規律，並直接運用心的規律解決現實生活中的煩惱和痛苦，從黃帝時期就已經開始了，甚至更早。我們現在說的蒙學、教養學，怎麼教孩子、帶孩子，從聖王的時候就已經開始了，已經有胎教之法了。別什麼都盯著西方，好好找找我們老祖宗的東西吧。

「懷子三月，出居別宮，目不邪視，耳不妄聽，音聲滋味，以禮節之。」由此可以看出，聖王時期多麼重視懷孕

這件事。「懷子三月」，從懷上孩子到確切知道懷孕，差不多是兩、三個月時間，一發現孩子懷上了，馬上就「出居別宮」，不跟老公生活在一起，媽媽得安靜了。

懷孕期間「目不邪視，耳不妄聽」，得找一個清靜的地方養胎。「音聲滋味」，音樂、聲音，「滋味」指飲食，「以禮節之」，開始節制、有節律，一切都符合禮、規矩。

「為什麼出居別宮？為什麼不見老公？」這是為了避免老公影響媽媽的心情。「那能影響嗎？」我們在做個案時發現，成年以後的很多心理問題都源自於童年的創傷，而所有的童年創傷當中，胎兒期的創傷是最重的。有很多人現實中各種顧慮、焦慮、恐懼控制不了，都是源自於胎兒期。

胎兒期到底發生了什麼？多數是跟孩子爸爸有關。爸爸在外面工作不順了，回家跟老婆吵啊、打啊，說一些不好聽的話，甚至有的爸爸控制不了自己情緒，口無遮攔，「帶著你的孩子給我滾」。這種話一說出來，別以為孩子在肚子裡聽不見，都能聽到，我們處理的胎兒期創傷，基本都來自於父親。

所以，我在《精英教養學》裡著重講胎教是什麼，真正

好的胎教不是媽媽聽音樂、讀《詩經》、彈古琴、學英語，最好的胎教是媽媽的心要安定，要有安全感，要清靜，這才是最重要的胎教。孩子在媽媽肚子裡能聽懂英語嗎？能聽懂音樂嗎？可笑不可笑呀？

為什麼懷胎的時候要聽音樂，其最大的意義在於音樂能讓媽媽心情好，聽一些輕音樂，媽媽心情更好更舒暢了。聽了一天音樂，爸爸回來了一頓吵、一頓罵，啥都沒用，孩子在肚子裡都能聽見、能明白。

媽媽的情緒和孩子的情緒是直接掛鉤的，媽媽痛苦時，孩子在肚子裡也痛苦；媽媽恐懼時，孩子在肚子裡也恐懼；媽媽恨的時候，孩子在肚子裡也恨。母子同心，我多年來的大量臨床個案，一再驗證這一點。

爸爸在媽媽懷孕之後要做的事，第一是讓媽媽安心，不為生活發愁。「孩子出生以後怎麼生活，我養得起他嗎？」如果媽媽有不安全感，對生存有恐懼，就是爸爸的責任，不能讓母子安心，絕對不可以。

第二，讓媽媽開心，工作中再有不順，再被欺負、再被老闆罵，回家也絕不能對媽媽大聲說話，或者把負面情緒帶

給她，絕對不可以。男人在老婆懷孕期間要讓老婆安心，讓老婆開心，這兩點要做好。

「為什麼要這樣？女人懷孕我們就得當牛做馬了？」這全都是為了今後能生出一個健康、快樂、開心的孩子。作為男人，為了自己你也得忍住。太多成年人一遇到一點刺激事件就不行了，身體出現嚴重問題，情緒上恐懼、焦慮、抑鬱，太多太多是源自於胎兒期。一般都是胎兒期爸爸無法讓媽媽安心，無法讓媽媽開心。

爸爸對媽媽說的話「你給我滾」，孩子在肚子裡聽得清清楚楚，一句都不會落，都會深深記著。很多孩子出生以後，莫名其妙的恨爸爸，爸爸對他再好，他也愛不起來。老婆懷孕的時候，你以為普通吵吵架沒什麼，反正孩子不知道，才不是呢，他的身體都有記憶，一定要注意，這是胎教。

古人講「出居別宮」，別跟老公在一起。老公本來事就多，心就煩，你跟他在一起，跟你今天吵了明天吵，他自己還不覺得怎麼樣，不如乾脆離開。女人懷孕，如果老公脾氣不好也照顧不了你，乾脆回娘家，遠離他，不跟他在一起。

在娘家，守著最關心、最疼愛你的父母，又安心又開心。

「目不邪視，耳不妄聽。」少看抖音，不好的東西看都不看，影響心情。

「音聲滋味。」聽什麼樣的音樂，看什麼樣的電視劇？懷孕以後少看韓劇，千萬不要看血腥、暴力、懸疑、恐怖的，再喜歡也不能看，都是為了孩子好。

作為準媽媽，情緒非常重要，你懷孕時是什麼情緒，孩子長大以後就是什麼情緒。千萬不要以為孩子不懂，其實這裡有好多規矩，「音聲滋味，以禮節之」。這幾句話已經把胎教的精髓說得非常透澈了。

「書之玉版，藏諸金匱。」胎教之法，胎教應該守什麼樣的規矩，胎教的精髓是什麼，古人把它刻在玉石上。玉石是可以流傳很遠很廣的，大家都喜歡玉石，把最重要的精髓刻在玉石上，藏在金匱裡。

金匱本身已經非常珍貴了，把比金子還貴重的東西刻在玉石上，再放到金匱裡鎖起來，可見它的重要性。我們的先祖對胎教的重視程度可見一斑。

第二節
東西方育兒學的不同

前面講到：「上智不教而成，下愚雖教無益，中庸之人，不教不知也。」從這一句就可以知道，家訓是針對什麼樣的孩子的。孩子分三類，上、中、下，上類不教而成，下類教了也沒用，家訓針對的是中間 80% 的這一類，我們的孩子基本都屬於中間這一類。

後面說「古者，聖王有胎教之法」，中華對孩子的生、教和養有一整套成熟的體系。我做相關研究多年，最初知道我們先祖有這麼一整套體系時，並不覺得怎麼樣，古人生孩子、養孩子、教化孩子不是很正常的嗎？

但隨著我不斷研究西方的心理學、西方的教養學，才發現中華的先祖太偉大了，在距今四、五千年之前就有了一整套的生、養和教孩子的體系，真的是太偉大了，西方至今都沒有一套完整的教養體系。

別看西方心理學、腦神經科學等等已經發展到現在的程

度，但對於孩子的生、養、教，至今也沒有一整套完整的體系。各個學科無法整合，心理學就是心理學，腦神經科學是腦神經科學，物理學是物理學。

而我們的先祖從生孩子、養孩子到教孩子，是全方位的，涉及到各個方面。而且整個體系非常科學，符合孩子的生長和發育規律，不僅僅符合孩子的身體生長發育規律，更符合孩子的心理成長發育規律，這一點真的太難能可貴了。

西方所謂的科學生孩子、養孩子、教孩子，是建立在心理學實驗和腦神經科學實驗基礎上的，在得出實驗資料和結果之後，回頭再想應該怎麼帶孩子。他們走了太多太多的彎路，到現在都還沒走到正路上來。

西方的育兒學和中華的育兒學，差距可不是天壤之別，一個在天上，另一個可不是在地下，而是根本沒有邊兒。我並不是老王賣瓜自賣自誇，大家可以研究研究西方的育兒學，儘管現在西方可能在物理學、天文學等領域比中國領先，科技比我們領先，但是在對人的研究方面，在心理學、育兒學方面，西方跟我們的差距不是一般的遠。心理學、育兒學，中國幾千年前就已經用得非常廣泛、非常普遍了，西

方直到現在都還摸不清楚。

西方現在的心理學是有漏之學，根本解決不了什麼真正的心理問題，連原因都找不著。西方的心理諮詢師是一個好像很成熟的職業，但僅僅是從職業培訓、職業規劃角度來說相對成熟、成體系，中國確實沒有這樣的職業培訓體系。

但是西方心理學並沒有一套完善的理論，也沒有一整套可以落實應用又能夠解決多數心理問題的方法手段，最關鍵的是他們沒有一整套完善的理論做基礎。理論相當於基礎科學，在心理學上用的具體方法手段是應用科學，沒有基礎科學，哪能發展出完善的行之有效的應用科學呢？不可能。

西方的心理學大師、心理學開創者，不少有嚴重的人格缺陷，有的甚至是精神分裂。他們自己都解決不了自己的問題，卻搞出一套所謂的心理學理論基礎。在一個有漏的理論體系的前提下，發展出來的所有應用落實的心理學方法、手段，包括催眠、家排、完形、意向對話等等，都是有漏的手段和方法。這些方法是可以把問題揭示出來，但要說解決問題不太可能，這就是現在西方心理學最大的困惑。

育兒學本身涉及兒童的身體發育和心理發育，身和心兩

個方面。研究育兒學一定要精通心理學和腦神經科學，這是必須的。腦神經科學主要指兒童的大腦發育，身體的發育不用講太多，大家都會養孩子，都能養孩子。

我們說的是孩子的心理和腦的發育，這是對育兒非常重要的兩個學科，必須整合起來，再把孩子的生長規律瞭解通透，才有可能發展出一整套的育兒學。

想要通透育兒學，僅精通胚胎學、腦神經科學和心理學還不夠，還必須要有大量的心理諮詢臨床個案，在這個基礎上才真正能形成一整套的育兒學。為什麼？研究心理學，研究腦神經科學，那全是理論，心理學理論其實很多，心理學實驗、腦神經科學資料也非常多，怎麼能把它們整合到一個活生生的人身上，並不是那麼簡單的。

每個孩子都是一個活生生的人，都是一個獨立的個體，不能把理論性的東西直接應用在個體上，這樣是解決不了所有問題的，一定得有大量針對成人心理問題的臨床個案，才能通透整個育兒學。也就是必須在有大量臨床個案的前提下，再通達心理學和腦神經科學的專業知識，才能把它們整合在一起，才知道應該怎麼生孩子、養孩子和教化孩子。

成人幾乎所有的心理問題，包括現實中的障礙、困惑、煩惱，基本都源自於胎兒期、嬰兒期、幼兒期，也就是七歲之前。只有以大量的心理臨床案例做支撐，你才能知道成年人的眾多問題，包括婚姻的不幸、情感的不順、工作的障礙和不足、跟主管關係的問題等各方面，基本都源自於童年。

　　為什麼我們成年人有這麼多的心理問題，基本上都是因為父母在生孩子（孕期和胎兒期）、養孩子（哺乳期）和教化孩子（兩、三歲以後）這三個方面出了問題，才導致了孩子長大以後的各種不順，各種心理的扭曲和病變。

　　大量的臨床個案，再加上心理學和腦神經科學的專業知識，這些整合起來才有可能成就一整套育兒學的體系，這就是我的經歷。我這三十多年來做了大量的臨床個案，在解決成年人心理問題的時候，在化解成年人現實中的各種煩惱、不順和障礙的時候，發現基本上都源自於他的童年。

　　比如經常情緒失控、夫妻不和、跟父母關係不好、與主管關係不好、跟同事怎樣，基本全是源自於童年。然後再去探究童年到底應該怎麼做，才能保證成年以後有健康的身心。只要童年沒有創傷，長大以後即使碰到一些不順、不幸

或者刺激事件，也不會有問題，不會有極端的想法，不會有扭曲的心態，也不會經常情緒失控，都能挺得過去。

透過大量臨床案例再回推，去鑽研西方心理學和腦神經科學、胚胎學，去尋找西方心理學實驗的成果、腦神經科學的資料，這樣不斷整合，形成一整套東西之後，再跟經典去對應，才發現我們的經典當中，就有蒙學這一套體系，涵蓋了孩子從生到養再到教化的整個過程，才發現原來在周初就已經有一整套完善的對於孩子的生、養和教的體系。

這一整套生、養、教的育兒體系，從夏、商、周一直延續到一百年前，代代延續，都是按照最古老的這套方式來生、養、教。

中華代代出精英，代代出偉人，現在怎麼沒有偉人了？現在怎麼沒有精英了？看看我們現在怎麼生孩子、怎麼養孩子、怎麼教孩子，我們懂嗎？我們已經有好幾代，至少三至四代，完全不按照古法來做了。

經過大量心理學臨床個案，研究西方心理學和腦神經科學，回過頭來再看老祖宗的這一套育兒學，實在是太厲害、太偉大了。

為什麼要講家訓？這是中國人現在最需要的一門學問。有很多立志於做兒童教育或者傳播智慧的工作者，都在一味向西方學，學他們的心理學、育兒學。現在我要告訴大家的是，西方沒有一整套既有理論又有落實實踐方法的科學客觀的育兒學，沒有。西方心理學和腦神經科學才多少年？真正涉及育兒學才多少年？他們走了太多彎路。

他們運用心理學的實驗和資料，發展出了行為心理學的一些方法，以行為心理學作為主流，像訓練動物一樣訓練孩子，繞了一個大彎。近二、三十年才回過頭來，覺得行為心理學那一套不對，訓練孩子不能像訓練動物似的，要把人性的東西加進去，西方人剛開始意識到。

離開了行為心理學，下一步應該怎麼育兒，他們到現在都沒有搞明白，沒搞明白應該怎麼生、應該怎麼養、應該怎麼教化，而我們老祖宗在四、五千年之前，已經有了一整套完整的生、養、教的體系。

我開這門課的意義就在於此，要把老祖宗這一整套育兒學，透過家訓這門課講出來，要讓所有立志於進行兒童教育、父母教育的工作者找到一條明確的路。不要再向西方求

了，那條路我已經走了幾十年，可以說對於西方的育兒學、心理學、腦神經科學，西方的催眠、家排、薩提爾、完形這一套東西，沒有比我更清楚的了。

對於中華的育兒學，也沒有比我更清楚的了，我給你們的都是直接的經驗，都是這麼多年我一路走來所經歷的，講的都是我的經驗之談，是直接經驗，而不是間接經驗。我所講的東西不是書本上得來的，都是現實中看到現象去解決，然後從書本上找理論找方法，再到現實中不斷驗證得來的，你沒有必要再走一遍了。

現在我要告訴大家的是，向西方找育兒學、找心理學是一條彎路，一定要在我們老祖宗的智慧下來找。只有我們老祖宗才有真東西，這是一整套完善成熟的學問，不僅有理論體系，還有落實實踐方法，精髓的部分就在家訓中。

當然，《顏氏家訓》不能二十篇同時講，太長了，《顏氏家訓》後面講的是怎麼做人、怎麼做事，怎麼樹立正確的觀念、正確的知見，非常好，我後面一定會講的。但是我現在只講《顏氏家訓》的序和《教子篇》這一篇，這部分針對的是三至七歲的孩子，七歲前的孩子怎麼樣生、怎麼樣養、

怎麼樣教化。

　　後十九篇是針對稍微大一點的孩子，也就是進入小學開始學習做人道理的時候。《顏氏家訓》二十篇相當好，非常深刻，基本是整個中華育兒學的概括和總結，顏之推這個人真是了不起，他是一、兩千年之前的人，你想想我們中華多厲害呀！而這套體系西方根本沒有，西方現在最頂尖的心理學家、育兒學家到中國來學吧。

　　家教不僅僅是家規、家訓、家法，我講的裡面有好多知識點，有太多相關學科的內容。多聽一聽、多看一看，你就能知道自己成人以後為什麼會情緒失控，為什麼人際關係有問題，為什麼夫妻關係不好，為什麼跟老闆總是溝通不到位，為什麼事業不順，很多問題會在這裡呈現出來。

第三節
子生咳提，師保固明——家教的開始

前面講到，顏之推告訴我們聖王有胎教之法，告訴我們胎教應該怎麼做，這是非常受重視的，所以「書之玉版，藏諸金匱」。接下來講的是應該在孩子多大的時候開始教化。

「子生咳提，師保固明孝仁禮義，導習之矣。」「子生咳提」，幼兒時期的孩子稱為「孩提」。這裡說的幼兒指多大的孩子？會說話、會走路，這個時候就叫孩提。過了哺乳期，哺乳期一般是到孩子九個月左右的時候，一歲多孩子開始慢慢爬行、走路，一點點開始學說話，大概兩歲半、三歲左右，這個時候就是孩提。古代貴族家族在孩子三歲左右的時候要「師保固明」，「師」和「保」是先秦時代教育貴族子弟的兩類官員的職位。

我在《精英教養學》裡講得很清楚，中華的教育體制是怎麼來的，從什麼時候開始的，後面又是如何發展的。夏、商、周的時候，教育已經相對比較普遍了，已經有一整套完

善的教育體制，但這個時期的教育，主要在貴族階層。最早充當教師的是什麼人？是官員，當官的人同時也是老師。一個地方官不僅是這一方水土的父母官，還是承擔這一方水土教化職責的教官、老師。最早的時候，都是由當官的來做老師，現在是分開了。

孩子三歲的時候，要專門請負責貴族教育的官員「師」和「保」來教孩子。「孝仁禮義，導習之矣」，給孩子講解什麼是孝、什麼是仁、什麼是禮、什麼是義，應該要怎麼做人。孝乃德之本，小小的孩子就開始教「孝」，「孝」有《孝經》。

我在講解《孝經》時講過，中華的等級制度、禮儀規範從哪裡來的，都是從敬天而來，也就是祭祀儀式。我們沒有一個固定的神，敬的是天道，是一種規律。

我們對天一直都有一種崇拜，雖然看不見、摸不著，不是一個人格化的存在，但是我們知道要上對得起天，下對得起地。天和地是生我養我的，沒有天地就沒有我，沒有我們的父母，沒有我們的祖祖輩輩。

中國人的孝是從對天的敬畏、對地的感恩來的，各種祭

拜禮儀、等級。再把天和地的這些規律應用到人的身上，比如父親代表天，母親代表地，父母生我養我，就像天地生養萬物一樣。我們對天和地是一種孝，天地就是最高，我對它們就是要感恩，要孝、奉獻、祭拜。

由天道又延伸到人，天地如何運行，這是作為人要學的。天地運行的規律什麼時候開始學，三歲「生子咳提」的時候，師保就來告訴我們「固明」。「固」是固定，「明」是明明白白，三歲時告訴你宇宙自然就是這樣的，不要管它對錯，聖人就是這麼告訴我們的。

孩子三歲左右，你告訴他什麼他就認同什麼。這個時候的孩子就已經開始學習了，可不是讓三歲的孩子背《詩經》、背唐詩、學數學、學英語，學的不是這些。學的是天地的根本是什麼，宇宙運行的規律到底是什麼，最簡單的東西，在孩子的心裡直接種下了天地是怎麼回事，天地是怎麼運行的，作為人應該怎麼效仿天地，這就是「孝仁禮義」。

三歲開始教孩子怎麼做人，會給他講一些道理。我們現在會覺得三歲小孩能聽懂什麼，上幼兒園就是瞎玩，學 1 ＋ 1 ＝ 2，那可不是「孝仁禮義」的範疇。

從腦神經科學來講，三至七歲的孩子是絕對不可以學那些所謂機械記憶的知識類的東西。背什麼唐詩？四、五歲時將《唐詩三百首》倒背如流有什麼用？三至七歲根本就不是學那些東西的時候。

　　你提早讓他學了，好像他上學的時候比別人厲害，好像在起跑線上比別人早跑了一步，但是我要告訴你，三至七歲的孩子大腦發育程度是絕不可以學加、減、乘、除這些數學邏輯的。

　　不是只有我們老祖宗這麼說，西方的腦神經科學已經告訴我們，這時孩子的腦神經系統還沒有啟動邏輯思維。如果強行讓他學邏輯、灌輸邏輯，讓他機械記憶，只會害了孩子，那叫揠苗助長，是不可以的。

　　三至七歲真正的關鍵，是讓孩子對宇宙自然，包括人與人之間的關係有一種認知，這是他的世界觀建立的最關鍵時期。他對人的知見、對世界的認知、對宇宙運行規律的認知，也就是他一生當中的知見和觀念的基礎，都是三至七歲形成的。人是怎麼回事，人與人之間的關係是怎麼樣的，宇宙天地運行的規律又是什麼，五六歲的孩子會特別好奇，東

問西問，就是要知道和掌握這些，形成自己的觀念。

　　七歲之前的孩子是沒有判定是非能力的，他甚至連自己是什麼樣的孩子都無法做出評判。這個時候，父母、老師告訴他什麼，他都會全盤接納、全盤接受。所以，我們要知道三至七歲的孩子到底應該怎麼教化，光是養已經不行了，必須得教了。

　　教什麼，「孝仁禮義」。「孝」，天地自然之規律延伸到人，上祭天，感天地之恩德。「孝」是等級，從小就知道生而為人，人是要有等級的，因為天地有等級，天就是天，地就是地，各司其職。這個時候不可以給他灌輸民主的概念、平等的概念，那可是大錯特錯。

　　作為父親，如果覺得三至七歲的孩子跟自己是平等的，得跟孩子一視同仁，跟他交朋友，家裡一點等級都沒有。如果孩子從出生開始，你完全沒有給他建立等級的概念，等他到社會上以後，就會沒大沒小，他就不知道應該尊重什麼人，自己應該在什麼等級內，應該是一個什麼樣的位置，在這個位置上如何在其位謀其政。

　　對於高自己一級的，一定要順從、遵行；比別人高一個

等級時，應該如何跟下級相處，這都是在三至七歲的時候，父親或者「師保」要教給孩子的。

孝是什麼？見到父親，要為父親服務，父親說的話要聽，不可以反抗，不可以忤逆。「老師，這不就是我們打倒的那些封建的東西嗎？」現在這樣有比較好？中國整個社會等級都沒有了，父也不慈了，子也不孝了，都成朋友了，沒有等級了。出了社會也沒有等級了，上有政策下有對策，目中無人，「老闆算個屁？有幾個臭錢而已，我憑啥聽你的？我早晚超越你，我也是老闆。」現在普遍都是這樣，年輕人心裡誰都不服。

在管理學上，現在領導中國人是一大難題，因為沒有等級。從小在家對父親直呼其名，拍拍打打，都成哥兒們了。沒有等級就沒有界限，然而管理就是要設好等級和界限，大家各司其職、各謀其政，做好自己那一塊，對上要尊崇，對下既要威又要慈。這就是「孝」延伸出來的，我在講《孝經》時講的就是這些。

後面才是「仁」。「仁」指的是在等級、秩序的前提下，對人性我們是尊重的，從人性來講，人人都是平等的。

不能說從人性角度來講人人平等，現實中就可以沒大沒小了，「爸，咱倆是一樣的，咱倆都是人。」這是兩個概念。

但西方講究的就是這個，總理又怎麼樣，就是一個普通人，總理跟我是平等的。西方對父母不全是直呼其名嗎？而且一生出來我就是一個獨立的個體，你也是獨立的個體，你既然生我，就有養我的義務，我不需要感恩你。西方不講究「孝」，不需要感恩父母，西方的孩子長大以後不養父母，都是由社會來養。

西方為什麼是這樣的？那是從他們的宗教體系、信仰體系延伸而來的。他們都信上帝，所有的人都是一視同仁、一律平等，因為都是上帝所創造的。西方人祖祖輩輩信上帝，上帝是唯一的神，所有人都是上帝的羔羊，所以不需要感恩父母。你也是上帝造的，我也是上帝造的，我為什麼要感激你呢？所以西方沒有「孝」的概念，沒有等級。

但是事實上西方又有等級區分，西方的等級是從哪來的？還是從宗教來的，君權神授。現在的英國國王、西班牙國王等等那些國王，都是歷史上所謂的王族。王族是什麼？王族都是神授予的，是上帝認同的，老百姓永遠都是老百

姓。別看現在社會已經發展成這樣，所有當國王的人必須還得是王族，很多中國人根本不懂這些東西。

所有西方國家，包括印度、日本，除了中國之外，都是君權神授，都是神在多少代以前授予的。你是王族，你代表神統治神的羔羊，地球上的人都是神的羔羊。日本信奉的是天照大神，日本皇族就是天照大神的代表，日本人的等級也是由神授予來的，兩千多年了。歷史上一直如此，到現在也是，都是由那些神授予的所謂的王族形成的大家族，在背後掌控著西方的力量。

而中國自周朝之後已經脫離了神權，我們沒有神授予的王族一代代的去統治。我們遵循的是天道——天地運行的規律，我們遵從的是道，我們遵從的是「得道者多助，失道者寡助」，得道就得人心。

失了道的帝王，老百姓就推翻他再立一個新王，這就是中國。中國的等級來自於哪裡？「人法地，地法天，天法道，道法自然」，這就是「孝」最根本的源頭。

「人法地」，人是大地生養的，地有什麼規律，「地法天」，天有什麼規律，「天法道」，道是從哪裡來，「道法

自然」，這就是「孝」的緣起。這一類觀念、這一類知見，在孩子三歲的時候，由爸爸或者老師負責講解，讓孩子一點一點知道什麼是規律，建立一種對宇宙自然規律的認同。

「孝」和「仁」就是如何把宇宙自然的規律應用到現實中，既要有等級，又尊重一切人性，從本質來講又是一律平等的。「仁」字，左邊一個人字旁，右邊是「二」，二就是陰陽，陰陽在我的掌控中，手托陰陽，這就是「仁」字。我們都追求仁君，什麼叫仁君，什麼叫仁人？掌握自然規律的人，又按照自然規律去做事，這樣的人就是仁者。仁者無敵，掌握了自然規律的人就是神。

「禮」在「孝」和「仁」之下，「禮」是規矩，所有的規矩體現的都是「孝」和「仁」。內心有誠敬，這是「仁」；外行於禮，這是「孝」。整個社會有「孝」，也就是有等級和秩序，同時內心當中是有誠敬的，人人一律平等。就像太陽一樣，光芒照耀著眾生，但不會為任何一個眾生而照耀。

「禮」是家規、規矩，是「孝」和「仁」的外在表現。孩子三至七歲就開始學禮了，透過各種禮來體現「孝」和

「仁」，每天早上見到父親以後要行禮，「爸爸好。」對長輩之禮，這個時候就開始教了，「爸爸好，早安。」、「叔叔早安，嬸嬸早安。」這叫「禮」。

在行禮的時候，大人要觀察孩子，內心有沒有誠敬，從表面就能觀察出來，怎麼行禮，是誠敬還是嬉戲。內心無誠敬，不仁；見到長輩不行禮是不孝，不孝不仁。透過「禮」就能看出孩子的「孝」和「仁」修得怎麼樣，理解得怎麼樣，孩子只有理解了，在做的時候才能恭恭敬敬，才能到位。「禮」從三歲開始就得訓練了，訓練到七歲甚至一直往後，這就是家教、家規。家教，教的是「孝」和「仁」；家規，練的是「禮」，是規矩，坐有坐的規矩，站有站的規矩，走路有走路的規矩。

「老師，這樣孩子是不是太壓抑了？」不會的，你告訴三歲的孩子什麼應該做、什麼不應該做，這個時候孩子是不會反抗的，他會覺得應該是這樣，他是沒有判斷力的。這個時候的孩子，你告訴他什麼，他長大之後就是什麼，不會壓抑。顏之推在後面已經說得非常清楚，他把先秦的育兒學、教養學集了大成，太了不得了。《顏氏家訓》傳千年而不

衰，啟迪了一代一代多少仁人志士，這個功勞太大了。

「義」是對外的，我們應該怎麼跟人打交道，與外界溝通，要存著忠義之心。應該怎麼跟孩子溝通，怎麼跟外面的大人溝通，怎麼跟外面的老師溝通，這是「義」的範疇。

「孝仁禮義」這四個字非常非常重要。「導習之矣」，孩子不懂，我們得一點一點教他。「導」，引導；「習」，不斷練習，形成習慣。可能很多父親會說：「老師，我到底該怎麼教？你讓我教導、教化孩子，我怎麼教？又化什麼？」這裡說得非常清楚，教「孝仁禮義」。好好理解「孝仁禮義」，如果理解不了，好好讀讀我對《孝經》的解讀，你就知道什麼是「孝」，「孝」的本質是什麼，你就知道怎麼教孩子了。

「仁」這個字要想理解，可以讀一下我對《道德經》的解讀，《道德經》講的就是「仁」。「仁」就是符合宇宙自然規律，就是掌握自然運行的規律，並且應用在人世間。「禮」，我的《解密中華文明真相》一書中，有一部分專門講了六藝，禮、樂、射、御、書、數，你好好看看我講的「禮」。「義」，其實是弟子課裡講的《韓非子》、《鬼谷

子》，對人性、人情、人心的解讀，不是意氣用事。

「孝」是第一，「仁」是第二，「禮」是第三，「義」是第四。「孝」和「仁」是我的內心，「禮」是我的外表、表現，「義」是我如何與人溝通接觸。「忠」和「義」，什麼是「忠」、什麼是「義」，怎麼「忠」、怎麼「義」，就是與人打交道。《顏氏家訓》後面講的就是怎麼「孝」、怎麼「仁」、怎麼「禮」、怎麼「義」。我有時間的話會把《顏氏家訓》二十篇全部講給大家，會講出好多好多東西。

我講課不是從字面上逐字逐句來解，按照字面上來解，是義理考據派。好像字都認識，都知道「孝」是什麼字，那有啥意思？現實中怎麼落實？但現在這樣講解，你基本就能知道作為父親，孩子三歲左右應該怎麼教化他，從哪一個角度去教化他。

要想教化孩子，是不是首先自己得通達這些？現在的問題是父母自己不通達，怎麼教化孩子呢？

現在五、六歲的孩子會問很多問題：天上的星星怎麼來的？太陽為什麼亮，月亮為什麼沒有它亮……好多好多問題，你自己都不懂，怎麼回答？孩子每問一個問題的時

候，都是教化的好機會。包括睡前講的故事，一定要圍繞著「孝仁禮義」，不能亂講，不能講鬼故事嚇唬孩子，不能亂七八糟的講「從前有一座山，山上有一間廟，廟裡有一個和尚……」，天天講那些對孩子有什麼益處？那不是教化。

跟孩子講分享，應該把玩具給其他小朋友玩，那是教化嗎？覺得好像孩子不分享玩具給別人玩，你就沒面子，逼孩子把玩具給鄰居孩子玩，不玩不行。「怎麼這麼小氣？有好東西為什麼不跟小朋友分享！」難道就這樣教化孩子？

孩子長大以後，你又受不了了，為啥？孩子長大以後，你在他小時候對他說的話他全記得，他覺得有好東西應該跟別人分享，這才是好孩子。這個觀念一旦種到心裡，長大以後他就會把好東西主動跟別人分享，別人不要他會難受。

現實中有沒有這樣的人？如果你的孩子是這樣的，你想想當初是怎麼教化他的，是不是跟他說好東西應該跟別人分享。長大以後，他不僅把自己的財富跟別人分享，自己的老婆要不要跟別人分享？自己的老公要不要跟別人分享？

我在做個案的時候，遇到很多成年人有非常多的錯知錯見，都是小的時候父母給自己種下的。父母認為什麼是對、

什麼是善，分享就對，不分享就是不對。分享就是好孩子，把自己的好東西分給別人就表揚；不分給別人、從別人身上搶東西，就是壞孩子，長大以後這不是強盜嗎？你看看，那麼優良的品質，就這麼被你抹殺了。

長大以後跟別人搶市場的時候，跟別人搶資源的時候，完全不敢，還沒等搶呢，心裡就會覺得「我是壞孩子，我怎麼能搶別人的東西」，結果自己的東西被別人搶個精光，非常痛苦。

「范老師，我拚命努力工作，怎麼賺的錢全都用出去了，怎麼現在就一無所獲，怎麼就這麼慘呢？」給他一做個案，發現童年的時候，他的父母怎麼教化他的，再回去改、再調整，多費勁。有多少人能跟我結緣，有這個機會回到童年去改，絕大多數人不就是一輩子這樣了嘛。

「孝仁禮義」可不是讓你行善，天天分享就是好，才不是那麼回事。「孝仁禮義」講的是要符合宇宙自然的規律，要怎麼做才能成為一個仁者。好好聽聽我講解的《道德經》，《孝經》講的是「孝」，《道德經》講的是「仁」，還有儒學六藝中的「禮」。好好理解一下家規的真正含義，

這裡面有太多內涵、太多東西要掌握了。

　　把這些道理都通達了，再去「導習之」，教導、引導孩子這麼做，讓孩子形成習慣，這樣就好了。長大以後孩子坐有坐相、站有站相，彬彬有禮，又有界限感，給人非常舒服的感覺。一看這個孩子就不一般，一看這個孩子感覺就不一樣，有素質、有氣質。

　　這樣的孩子，如果長大之後學習又好，又有重點大學的文憑，又是碩士、博士之類的，你看看他在現實生活中成功的機率大不大。這就是學家訓的意義所在。

第四節
不同階段的育兒重點

「凡庶縱不能爾,當及嬰稚,識人顏色、知人喜怒,便加教誨,使為則為,使止則止。」這一句從字面上很好理解。雖然說很好理解,理並不深,但關鍵是太多中國人不知道這些基本的育兒理念,這才是問題。一千多年前,古人已經把這一整套的育兒學非常完整、完善的呈現給我們了。

「凡庶縱不能爾」,「凡庶」,凡人、庶民,就是普通人。普通人教育孩子不可能像貴族精英階層那樣,在孩子小的時候就請老師教化,那怎麼辦?「當及嬰稚」,「嬰稚」,稚嫩、幼稚,幼兒的時候。

什麼時候開始對孩子加以教誨?「識人顏色、知人喜怒」的時候。他能看懂父母的臉色,知道父母高興不高興,你對他發火,批評他的時候,他知道自己犯錯誤了,知道害怕了,父母是開心高興還是憤怒、不高興,他都知道了,這個時候開始加以教誨。

一般來講孩子什麼時候開始「識人顏色、知人喜怒」？基本是兩歲半、三歲左右，學會走路了，慢慢學會說話了，一點點跟你溝通交流了，這個時候教化就得開始了。

　　兒童的成長發育，胎兒期是一個階段，哺乳期是一個階段。懷胎九月，哺乳期基本也是九個月，兩個九個月過後，孩子開始學習爬行、站立，開始學習模仿語言，開始交流。到兩歲半左右的時候，孩子的自我意識開始萌芽，這個時候就要開始家教了，對孩子的教養方式就要變化了。在胎兒期，懷孕的媽媽要怎麼做，我之前已經詳細講過了，媽媽要安心、開心，這是胎教最最重要的。

　　第二個階段是哺乳期，對於這個時期的孩子，媽媽一定要做到時時陪伴、即時滿足，這是重點。媽媽隨時都要在孩子的身邊，盡量不要長時間離開孩子。孩子長大成人以後的很多心理創傷，比如分離恐懼症，基本都是源自於胎兒期和哺乳期。

　　為什麼有人長大以後，男朋友要跟自己分手了就不行了，非得自殺不可？為什麼分手之後那麼痛苦？或者學校要開除他，單位要開除他，他就非得自殺，活不了？這其實就

是分離恐懼症，怕分離、怕被拋棄。

胎兒期媽媽的情緒，特別是媽媽的恐懼對孩子影響很大。前些年實行計畫生育，尤其是二胎，很多媽媽心裡都有一種罪惡感，有隨時會被拋棄甚至被強迫打掉的恐懼感，非常非常嚴重。我這些年在做個案時，遇到好多好多這樣的問題，計畫生育的那一批孩子，現在基本都三、四十歲了，好多心理問題，現實中的不幸、不順，都源自於胎兒期和哺乳期。

哺乳期的各種問題，最最重要的根源在於媽媽的離開，媽媽沒有陪伴孩子，一離開就十天半個月、一個月、兩個月的。有的孩子甚至還沒斷奶就送給外公、外婆或者爺爺、奶奶看著養著，這樣的孩子一般都會有比較嚴重的心理問題。

有幾個重點：胎兒期的媽媽要安心、開心；哺乳期的媽媽一定不要與孩子分離，第一是陪伴，第二是即時滿足。

哺乳期的時候，媽媽最好是一天二十四小時陪伴孩子。因為孩子出生以後，剛到一個陌生的世界，一切都是陌生的，對孩子來講，聲音是恐怖的，光線是恐怖的，人影是恐怖的，看見的任何東西，都會讓他感到驚心動魄，唯一的安

全源自於媽媽。哺乳期的孩子一聽到媽媽的聲音，心馬上就能安定下來，在媽媽的懷抱是最令人安心的。媽媽抱著孩子，撫摸著孩子，逗著孩子，跟孩子說著話，這個時候孩子是最安心的，能夠看見媽媽的臉，是最安心的。

我的《精英教養學》中，對於媽媽應該怎麼帶哺乳期的孩子有詳細介紹，甚至包括應該怎麼餵奶。餵奶的姿勢決定了孩子長大以後的身心是否健康，是否能夠開心、快樂，孩子的自信、孩子的智商和情商，長大以後與人溝通的能力、與人交往的能力，都是在這個時候打下的根基。這就是地基，胎兒期是地基，哺乳期是地基。

胎兒期、哺乳期如何度過，基本決定了這個孩子長大之後命運的至少三分之二；而三至七歲這個階段，基本上又決定了孩子命運另外的三分之一。當孩子長到七歲的時候，他的腦神經連接已經結束了，他一生的知見、觀念、模式、思維方式、智商、情商、自信與否等等，都已經註定了。古人有句話說：「三歲看大，七歲看老。」說得非常有道理。

從西方心理學、育兒學的角度來講，孩子到了七歲以後基本上就沒有變化了，他的一生已經註定了。所以說孩子這

一生哪裡是終點？七歲就已經是終點了。西方心理學知道這個道理，到現在才一百年左右。

佛洛伊德有一句特別有名的話：「六歲以後沒有新鮮事。」意思是六、七歲的時候這個人已經註定了，他的觀念、知見、行為模式、思維模式已經註定了，他的溝通能力和智商、情商、自信程度也已經註定了，七歲以後這些都不會變的，一直到八十歲、一百歲，你還是七歲時候的那個你。這聽起來是不是很可怕？

現在都說孩子要贏在起跑線上，要給他找好的幼兒園、找好的學校。但是我們要知道，三歲的孩子不是說幼兒園好就決定了這個孩子以後好，跟幼兒園沒有關係。孩子三至七歲，最重要的是父母，父母是孩子的第一任老師，這個時期幼兒園的老師起不了什麼作用。三至七歲的孩子只認父母，對他們來說父母是天，任何人都代替不了父母，爺爺、奶奶、外公、外婆代替不了父母，父母對孩子的評價和引導、對孩子的教誨，是最最重要的。

應該找一個什麼樣的幼兒園？應該找一個相對寬鬆的幼兒園，千萬不要找管教特別嚴格的幼兒園。有的幼兒園，

孩子去了以後就得坐著；老師彈鋼琴的時候，孩子都背著手、坐直，還要一起鼓掌；玩的時候只有一個小時，而且不允許孩子喊叫。這種幼兒園盡量別去，去了是對孩子的一種傷害。

三歲以後孩子要多接觸大自然，一定要讓他玩起來，最好在大自然當中摸爬滾打，看看樹葉、藍天，下雨了去感受感受雨、感受感受風。這個年紀最關鍵的兩點：一是接觸大自然，一是和小朋友們一起玩。跟小朋友們打打鬧鬧、玩上一天，玩得跟小猴子似的。

三歲的孩子讓他在大自然中去玩，感受風雨、感受樹木、感受空氣、感受泥土，髒一點無所謂，這些最有利於孩子大腦的發育，有利於腦神經的快速連接，這是他智商的基礎。盡量跟其他孩子在一起互動，打打鬧鬧打一天、玩一天、跑一天，在和孩子互動的過程中，大腦中與情商相對應區域的腦神經連接是最豐富的，這是情商的基礎。

要保證這兩點，一個是在大自然中瘋玩起來，一個是跟小朋友們互動。

在大自然中瘋玩，而不是在人造的幼兒園教室裡玩。

教室裡再多的玩具都沒有用，都是人為的，人為因素所包含的資訊量與大自然因素相比，簡直太貧乏了，完全不利於孩子的腦神經連接。大自然中的各種樹、花、草、土、土裡的小蟲，大自然中的小動物、小動物身上的毛、小動物的眼神……等等，資訊太豐富了，大自然對孩子的腦神經連接是最有利的。

所以，三至七歲的階段要以自由為主，而不是學東西。管理得特別嚴格，老師嚴厲、孩子聽話的幼兒園千萬別去。要自由一點，崇尚大自然，跟小朋友們不斷接觸，去玩、去互動，這是最重要的，這就是選擇幼兒園時要注意的。

七歲以後選擇什麼樣的小學，學校的校風、校規如何，學校管教得怎麼樣非常重要，這時的孩子是需要社會約束的。相對於父母，給孩子上課的老師更重要，七歲以後的孩子已經不聽父母的了，父母對孩子的影響已經開始弱化。七至十二歲的孩子，老師對他的影響非常非常重要。

每個階段育兒的重點再強調一下。第一個階段胎兒期，媽媽要開心、安心；第二個階段哺乳期，媽媽與孩子不分離，時時陪伴，並即時滿足。

孩子哭鬧必有需求，媽媽要馬上到位，看看孩子到底有什麼需求，然後馬上滿足他。孩子的需求不外乎是吃、喝、拉、撒、玩、睡，一定要做到即時滿足。千萬不要像西方行為主義心理學宣導的「哭聲免疫法」那樣，孩子越哭越不理他，甚至還打他，認為哭是一種不好的行為，孩子笑才獎勵他、才抱他。

　　經過這麼多年大量的臨床個案，我發現有些媽媽就是用行為主義的方法教育孩子的，孩子心理創傷非常嚴重，完全沒有自信，完全不信任他人。如果連自己的媽媽都不信任，到社會上他還能信任誰？那種恐懼感、不安全感、沒有歸屬感都是從這裡來的，好多心理問題都源自於此。

　　近一、二十年西方才一點一點發現，行為主義的哭聲免疫法對孩子的心理危害非常大，現在還沒有完全去除，還有很多國家和地區在實行哭聲免疫法。我們養育自己的孩子時，千萬不要這樣。

　　對於哺乳期的孩子，媽媽一定要即時滿足，孩子想玩馬上陪他玩，孩子想吃馬上餵他吃。孩子餓了，有需求了再餵，而不是時間到了就必須餵。哺乳期定時定量的哺乳孩

子，是西方行為主義心理學流派的育兒學，千萬不要那樣。

餵養孩子是沒法定時定量的，不是說孩子每隔兩、三個小時就必須得吃奶，或者必須餵多少毫升的奶，不是那麼回事，大概有一個範圍就行了。孩子餓了自然會跟你要，當他有需求的時候你再給他，他吃飽了自然就不吃了，不要有定時和定量這個概念。

最關鍵的是即時滿足，孩子有需求了，媽媽再去滿足他。孩子想抱了，就趕快抱起來，想玩了就跟他玩，想睡覺了就拍他睡覺。這其實很簡單，作為媽媽來講這應該是常態，但是好多學習型的媽媽做不到這一點，尤其學西方心理學、西方育兒學的媽媽們，反而不會做媽媽了，好像是用科學的方法做媽媽，其實學的全是已經被西方淘汰的行為主義的方法。西方現在也沒有找到一條真正完美的育兒之路，現在都沒有成熟的育兒體系。

我們這一套精英教養學體系，從懷孕、胎兒期一直到孩子十八歲，各個階段說得都非常詳細，這一整套完整的育兒學體系，是西方育兒學家、心理學家夢寐以求的，他們沒有這樣的體系。

這一體系不僅僅建立在大量臨床個案的基礎上，同時集合了中華老祖宗幾千年的智慧，以及西方心理學、腦神經科學的大量實驗資料，將眾多學科融合起來，才整理總結出這樣一套精英教養學體系。這是很不容易的，這是我三十多年心血的結晶。

入道不是天天研究《道德經》，育兒學本身處處都體現著老祖宗的大智慧，道就在這裡，就在平常日用中。

講了胎兒期，又講了哺乳期媽媽要注意的事情，現在要講的是孩子兩歲半、三歲左右的時候，自我意識萌芽出現的時候，父母就要開始教誨他了。

這個階段有什麼行為？兩歲半、三歲以後的孩子開始會推媽媽了，不要媽媽了，對媽媽有些反感了，這個時候就意味著，孩子的自我意識開始萌芽了。

帶孩子的媽媽都有這個體會，孩子在一、兩歲的時候，根本離不開媽媽，什麼事都得是媽媽幫他做，繫鞋帶是媽媽幫他繫，穿鞋是媽媽幫他穿，衣服都是媽媽幫他穿。到兩歲半、三歲左右的時候，孩子就開始推媽媽、反感媽媽了。你要幫他繫鞋帶、穿鞋時，他說：「不，我自己來，不要

你！」你幫他穿衣服時他說：「我不要這個衣服，我要那個，你走開，我自己穿，不要你！」這時候很多媽媽會覺得傷心，但這意味著孩子開始要獨立了，獨立的行為已經出現了。

推媽媽、不要媽媽，這是好事，你的孩子要走上獨立之路了，從這個時候開始，就要進行家教了。家教一定得有家規，這個時候孩子的規矩就得開始養成了，所以顏之推寫道：「便加教誨，使為則為，使止則止。」這是一個原則。孩子什麼行為是正當的、什麼行為是不正當的，必須按照正當的去做，從這個時候就要開始嚴加管教了。

三歲左右自我意識萌芽階段的孩子，在心理層面應該掌握什麼原則？這個原則也很重要，也決定了孩子長大以後能否順利地融入社會，甚至能否功成名就，這是基礎。

記住幾點，尤其是媽媽要做到。

第一，盡量讓這個階段的孩子自主決策，媽媽不要都包辦了。比如：「今天去哪裡玩，你想去動物園、植物園還是遊樂園，你自己來決定。」、「今天這三件衣服你想穿哪一件？」、「這兩雙鞋你想選哪一雙？」要把孩子當成小大

人，徵求他的意見，讓他做決策。孩子在決策的過程中，就會有分析、判斷、推理，這就是訓練他，三歲的時候就要開始訓練了。

必須由大人做決策的大人才做，一些小的決策都讓孩子來做。「今天晚上我們吃肯德基還是麥當勞？還是你想吃麵？」這就是在訓練大腦前額葉的功能，越是讓三歲的孩子做決策，讓他分析、判斷、推理，孩子的前額葉區就越強大，孩子長大以後，他的推理能力、分析能力、判斷能力就非常強，這是成功的基礎，從三歲就得開始訓練了。

第二，這個階段對孩子的需求要延遲滿足，不能再像哺乳期時那樣即時滿足，家長和家中長輩要達成一致。哺乳期的時候，孩子想要什麼就第一時間滿足他，三歲以後就不能這樣了。情感上的需求要即時滿足，物質上的需求必須延遲滿足，欲望上的需求必須延遲滿足。想吃什麼，想要什麼玩具，延遲滿足他。

不僅要延遲滿足，還得考慮如何滿足。比如孩子說：「媽媽，我想要一個小坦克。」有欲望沒有問題，有欲望很正常，不要制止孩子的欲望，不能打壓孩子的欲望。但是怎

麼得到？這個時候，媽媽、爸爸或者爺爺、奶奶就得注意了，可不能讓孩子輕易得到。這裡有一個時間的延遲性，還有一點，要得到就得有付出。

三歲也就是嬰稚時候的孩子，「識人顏色，知人喜怒」以後，家長對孩子就得管教了。要坦克沒有問題，這本身不是錯誤。有的家長會跟孩子說：「你為什麼要坦克？對你有什麼用？不能要。」這是絕對不可以的，這樣長大以後孩子沒有欲望了，甚至會覺得有欲望是一種罪惡。

想要什麼是孩子的欲望，有欲望能表達，這非常好，沒問題。但是，需要做些什麼才能得到這個玩具。「今天早上你起床以後沒疊被子，小房間沒有收拾乾淨，不能買小坦克。明天早上，如果你的小被子疊好了，床周圍玩具都收拾好了，明天中午或者下午，媽媽就帶你來買這個玩具。」

這是打個比方，要有條件，三歲以後要讓孩子知道，想要什麼就得付出努力，不是那麼容易馬上就能到手的，得付出努力才能得到自己想要的東西。這一點太重要了，孩子長大以後做事業、追求異性等等，都是在這個時候打的基礎。這個時候最忌諱的就是嬌慣、放縱，孩子要什麼給什麼，千

萬千萬要注意這一點。孩子怎麼毀在你手裡的？就是毀在這個時候。

三歲以後的孩子，好多都是老人帶的，非常容易寵愛、寵溺孩子，對孩子百依百順。孩子要星星、月亮，爺爺、奶奶、外公、外婆都恨不得上天去摘，孩子要什麼如果自己滿足不了，老人會痛苦得不得了。千萬不要這樣，慣子如殺子，縱子如殺子，就是這個意思。

孩子長大以後能否有所成就，他的堅毅、意志，他在現實中有所求、有目標之後，如何實現這個目標，三歲左右的時候就要打好基礎。如果基礎打好了，七歲以後的學習，長大後處對象、成家，你都不用擔心。

這就是第二點延遲滿足，孩子有了需求，不要立馬滿足，這是在鍛鍊孩子的大腦前頂聯合區、前額葉這個區域。

第三點也挺重要的，媽媽尤其要注意，就是分床問題。孩子在兩歲半、三歲左右的時候，必須要分床了。三歲以後的孩子，不可以跟爸爸、媽媽在同一張床上睡，最好分房間，孩子自己睡一個房間，那是他自己的獨立空間。如果沒有條件分房間，最次最次也得分床。三歲以後的孩子，是不

可以和爸爸媽媽在一張床上睡覺的，這一點一定要注意。

　　盡量讓他睡自己的小床，掛一個小蚊帳之類的，給他劃定一個自己的小空間，這是他的獨立空間，這一點也很重要。為什麼要這樣？因為這個時候的孩子有獨立的需求了，有自我意識了，心理上他已經進入要成熟和獨立的階段，在身體上也要配合心理的階段，讓他在身體上有獨立空間。身和心相互配合著，長大以後孩子的身心發育是正常的。

　　否則，一直跟父母在一張床上睡，有的孩子睡到七、八歲甚至睡到十歲，長大以後很難獨立，就會有比較嚴重的戀母情結或者戀父情結。如果這一點做得不到位，孩子長大以後找對象，男孩找的就是媽，女孩找的就是爸，都會導致婚姻的不幸。現在中國人為什麼離婚率那麼高？其實與此有關。

　　這一點真的非常嚴重，這是一個民族性的問題，孩子八、九歲了，還跟媽媽一張床睡覺，女兒那麼大了，還跟爸爸一張床睡覺，這是絕對不可以的。這裡面的理挺深的，我在這裡不講太多，只是把結論告訴大家。

　　三歲以後的孩子注意三點，一是讓他自己做主，二是要

延遲滿足，三是分床睡覺。

在日常生活中要開始嚴加管教，「使為則為，使止則止」，坐應該是什麼坐姿，站應該是什麼樣，站得直不直。和長輩勾肩搭背，絕對不允許。「使止則止」，小男生、小女生倚著門站著，不可以，馬上站直，不許靠門，倚門而立絕不可以，當止則止，這是規矩。

爸爸這個時候要出面立規矩。吃飯的時候怎麼吃飯？不可以大聲喧嘩，不可以有情緒，不可以放肆大笑、高聲講話。夾菜應該怎麼夾，轉到自己這兒夾自己的菜，不要站起來搶別人的，這是規矩。

筷子應該怎麼放，吃飯的時候不可以趴在那兒吃，狗才趴著吃，吃飯的時候必須把碗拿起來。怎麼拿筷子，怎麼拿飯碗，端飯碗吃飯，這都是規矩。吃飯嚼東西的時候要閉著嘴，嘴裡有東西的時候不可以開口說話，這都是最基本的禮儀、禮節。父親這個時候要嚴厲管教，要讓孩子知道規矩。

「老師，這樣是不是太嚴格？」

作為父母，要知道該管什麼、不該管什麼，對三至七歲的孩子，該管的就兩點，家長尤其是父親要記住，第一是

孩子的安全，涉及到孩子安全的必須嚴厲管教，比如過馬路看紅綠燈，紅燈絕不能過；不能到危險的地方玩，絕不允許去，去了就得懲罰，必須嚴厲。

第二是規矩，也就是我們說的家教、家規、規矩，言行舉止。對長輩什麼態度，見面打不打招呼、怎麼打招呼，最基本的禮行得到位嗎？清晨即起，灑掃庭除，把小被子疊好，玩具收好，這是最基本的規矩。

站怎麼站、坐怎麼坐、怎麼吃飯，說話的時候應該是什麼態度，跟媽媽怎麼說話、跟爸爸怎麼說話、跟爺爺怎麼說話。好多孩子跟爺爺、奶奶、外公、外婆很親密，有時候在一起膩著，對老人不拘小節，甚至有些肆無忌憚，這是不可以的，這叫規矩。

記住，就兩點，一個是孩子的安全，一個是規矩，要管好。

其他的，比如孩子怎麼玩、孩子學什麼東西，不要管，放他玩去。這些方面不要橫加干涉，「你必須得學鋼琴」、「你必須得背《詩經》，背《唐詩三百首》」、「你必須得學數學」……那不是你該管的，也不是這個時候的孩子應該

學的。如果幼兒園學小學的東西，這種幼兒園別去了。

　　有同學問：「弟弟跟哥哥睡一張床可以嗎？」沒關係。媽媽偶爾和妹妹睡一張床，這沒有關係，不用太擔心。哥哥和妹妹最遲幾歲要分床？三歲以後，男孩、女孩還是要分開的。偶爾的都沒問題，我們講的是不能長期睡一張床、天天這樣。

　　分床其實不是孩子離不了媽媽或者離不了爸爸，而是媽媽和爸爸離不了孩子。孩子那個時候已經想跟你分開了，但是你離不了孩子，為了孩子著想，做父母的為孩子好，要做到這一點，及時分床。

　　我在這裡講的都是結論，如果想知道為什麼，我的《精英教養學》中各個階段寫得都比較詳細，講得也比較清楚。為什麼三至七歲的孩子要和同伴多接觸，為什麼這個時候要延遲滿足、分床睡，如果不分床、不延遲滿足，長大以後會有什麼樣的惡劣情況，書裡寫得非常詳細，如果感興趣可以去看。

　　這裡我們講的是家規、家教。我不是在這兒給大家從文字上解讀一下家訓，家訓本身不是那麼難懂，大家都有那

個能力。我在這裡給大家講的，是為什麼在孩子這麼大的時候，要開始在這方面教育他，講清楚了你才知道它的重要性，這才是講解家訓的意義所在。

有同學問：「七歲以後再去大自然，是不是對腦神經連接意義不大了？」是的，七歲以後腦神經連接已經完成了，再去大自然當中還有什麼意義呢？三歲正是觀察世界的時候，是大腦相應區域的發育階段，這個時候帶孩子到大自然中玩，摸爬滾打，正好促進腦神經大量連接，等這個區域的發育階段過了，再往外帶孩子玩也沒用了。大家還是看我的《精英教養學》吧，書裡寫得比較詳細。

不過也不用太擔心，「老師，我沒帶孩子到大自然中玩，我的孩子是不是會很笨，啥也不是了？」不是那麼絕對。帶孩子多去大自然中，這是對孩子最有利的、最好的，但不代表你沒帶孩子去，孩子就會有缺陷。

如果孩子長大以後出現了問題，比如孩子在青春期時的各種問題，回過頭來看《精英教養學》，基本上都能知道孩子的問題源自於他成長發育過程中的哪一個階段。

「比及數歲，可省笞罰」。「比及」是等到，「數歲」

指七歲以後，孩子已經大了。如果在孩子七歲之前，能把前面講的這些都做到位，七歲以後「可省笞罰」，就不用打他了。孩子已經形成了一種自然的習性，你就不操心了，他的學習能自律了，作息時間自己也會安排。這樣的孩子坐有坐相、站有站相，對人有禮貌、有邊界感，同時不乏親切。

家教就是孩子三至七歲這個階段，七歲以後是如何讓孩子昇華、提升的問題，那就不是家教了，而是啟蒙教育。啟蒙教育的前提，是要有良好的家教、家規。

如果孩子三至七歲時，你沒有對他進行很好的家教或者家規的訓練，七歲以後就等著操心吧，那個時候就會發現，想教也教不了了。十來歲的小男孩趕上大人了，你是打也打不動了，追也追不著了。你罵他，他比你還能罵，到那個時候再家教就沒用了。

為什麼現在青春期的孩子各種叛逆、抑鬱、自殺？為什麼這些現象頻繁的出現在下一代的身上？都是在孩子三至七歲的時候，父母不懂，把孩子要麼交給爺爺、奶奶、外公、外婆，要麼交給保姆，自己忙工作去了，對孩子疏於管教。等工作忙得差不多，錢也賺到了，卻發現問題了。可是孩子

已經到了青春期，這個時候再著急再來管，管不了了。該管的時候沒管，孩子大了再想管，已經管不了了，最後只剩恨了。

不要說人，就算是小狗，是不是兩、三個月就得開始教育牠了，別咬人、別搶東西吃、別亂叫，規規矩矩的。如果一歲之前放縱牠，想幹什麼幹什麼，一歲之後你再教育牠、訓練牠，看還能不能訓得了？狗都如此，何況是人呢？

家訓這門課最適合的，就是剛結婚不久、還沒懷孕的年輕人，或者正在備孕的年輕人。年輕的父母都得聽，好好聽聽我的課，對於怎麼帶孩子，你有一個方向就知道每個階段應該怎麼做了，其實很簡單。但如果你不知道方向亂帶，今天聽聽專家的，明天聽聽父母的，就很容易出問題。

老人說：「你看我把你帶這麼大、帶這麼好，我帶孩子的方法就是對的，我的經驗就是對的」。其實全是土法鍊鋼，沒有科學道理，只是某個點是對的，但是整體不一定對。

我以前經常在幼兒園為孩子父母和幼兒園老師普及這些心理學、腦神經科學和育兒學的內容，好多媽媽聽得痛哭流

涕、捶胸頓足。「我怎麼沒早聽老師的課，孩子現在已經這樣了怎麼辦呢？」很多東西是不可逆的，怎麼辦？不行再生一個吧。

從《顏氏家訓》這一段可以知道，我們的祖先在一、兩千年前就已經告訴我們，應該從什麼時候開始管教孩子了，這完全吻合現代心理學、腦神經科學對人的身心生長發育規律的認識。

我講課最喜歡引用西方的科學資料，因為所有國際認同、已經被驗證為正確的資料，完全都能用來驗證我們老祖宗的東西。講老祖宗的東西，不能直接用老祖宗的話講，大家不願意聽也聽不明白。用西方的這些實驗資料、科學的東西來講我們老祖宗的東西，大家能聽懂，也能接受。

第五節
威嚴而有慈，畏慎而生孝

後面一句話非常重要，揭示了父母和孩子之間的關係、態度，「父母威嚴而有慈，則子女畏慎而生孝矣」，這句話太重要了。

現在的年輕父母，總覺得我愛孩子、為孩子付出無限的愛，孩子就會感激我，就會跟我感情深，就會對我笑。你錯了，大錯特錯，絕對不是這樣。愛不代表縱容，愛不代表無條件的滿足一切，愛也得有方法，有方法的愛才是真正的愛。方法錯誤或者沒有方法的愛是害，那不是愛孩子，而是害孩子，所以俗語說：「縱子如殺子，慣子如殺子。」

如果一味的放縱、一味的嬌慣、寵愛孩子，就是在殺他，生了他卻不會教他，就是對不起他。越嬌寵的孩子越不孝，越不知道感恩，這樣的孩子不知道是非，長大後無盡索取，怎麼還能有孝？還能對社會做出貢獻？不會的，只會給社會帶來災難。

嚴父慈母，父母應該以一種什麼態度對待孩子，應該威嚴而有慈。我們在管教孩子的時候，不是用暴力，不是要打他。不管是父親、母親、爺爺、奶奶還是外公、外婆，一定記住要溫和而堅定，這是對待孩子應有的態度。

威嚴不是從打中來的，不是從暴力中來的。當你的表情嚴肅起來，其實小小的孩子就知道自己不對了，不一定要打。什麼情況要打？孩子小的時候父親沒建立威嚴，孩子大了你才開始建立威嚴，孩子已經不聽了，不聽的時候才會使用暴力。

從三歲開始，對孩子該威嚴的時候就要威嚴。威嚴不一定需要打，你的臉一沉、聲音稍微一大：「幹什麼呢！怎麼站著呢？小男孩能這麼站嗎！腰挺起來、背挺起來！」這就完全夠了。孩子吃飯的時候彎著腰趴在桌子上吃飯，「坐起來，坐好，吃飯就要有吃飯的樣子！」這叫威嚴。「怎麼拿筷子的！嘴裡有飯不許說話，咽下去再說，吃飯怎麼張著嘴？出聲音不可以。」這就已經足夠了，溫和而堅定。

再比如三歲的孩子在商場裡吵著：「我要玩具、我要玩具，必須現在就買！」媽媽說：「不行，你今天早上被子沒

疊，是媽媽給你疊的，這樣的話不可以買玩具，明天早上表現好了媽媽再買給你！」但孩子不聽，開始在地上打滾、大聲叫，他知道媽媽怕丟人。很多媽媽受不了，孩子一鬧就見效，「行行行，別鬧了，給你買。」這就麻煩了。

你越是這樣，孩子心裡越沒有安全感，心裡越會有恐懼。「我略施小計，媽媽就對付不了我了，媽媽就妥協了。」孩子當時開心，但心裡種下的是對媽媽的不信任，「媽媽不夠強大，我得保護媽媽，我略施小計，剛出兩聲，還沒等繼續表演，媽媽就妥協了。」孩子會認為你懦弱，他征服你了、戰勝你了，反而沒有了安全感。

我們在做個案諮詢的時候，發現來訪者好多細微的心理變化。他為什麼長大以後非常累，承擔了好多東西，其實都與小的時候跟媽媽怎麼互動、跟爸爸怎麼互動有關，這些模式全都帶到了成年以後。

我講的所有這些，都不是從書本得來的，都是先有了臨床經驗，有了臨床觀察，再去找西方的實驗資料和我們老祖宗的經典，發現都是一一印證。是這麼一個過程，都是從實踐中來，然後再形成理論體系。所有我講的東西，包括

《壇經》、《道德經》、《易經》、《孝經》、教養學,所有這些都是這樣來的,全是從實踐中來的,然後再去把理論完善。

從實踐回頭找理論,就會發現我們的老祖宗太厲害了,經典當中的東西全是一一落實的。這一小段內容,就把西方心理學、育兒學、腦神經科學的東西都涵蓋在裡頭了。我沒有時間講得很細,如果真的講得很細,就這一段至少得講十期才能講明白。

一定要記住,只有父母該威則威、該嚴則嚴、該慈愛的時候慈愛,這樣孩子才會懂規矩、有界限,才知道感恩,然後才有可能孝。孝是從感恩而來的,先感恩天地,天地生我養我,然後感恩父母。父母該做的要做到位,該慈則慈、該威則威,這樣孩子才有恭敬心和感恩心。孝是從這兒生出來的,絕不是你給他無盡的愛,孩子就會對你孝。

不懂育兒知識的父母,是以愛的名義在傷害孩子,最後孩子心裡全是恨。父母覺得全是愛,好像把所有的一切都給孩子了,從小就完全滿足他,覺得孩子就應該愛我、對我就應該孝。你錯了,大錯特錯,越這麼搞就越是在毀孩子,孩

子長大以後對你不會好的。愛過了，什麼都能滿足了，對孩子來講，帶來的是一種恐懼。

「父母威嚴而有慈」，這句話非常重要。

對孩子的生活當然要照顧，但照顧是有一個限度的。孩子三歲以後應該怎麼照顧，情感上即時滿足，物欲方面的需求要延遲滿足。如果在孩子三至七歲之間，能夠把家規、家訓、家教做好做到位，孩子守規矩、懂禮儀，那麼這個孩子對父母和長輩才會有孝，在社會上才會有忠有義，孝延伸出去就是對國家的忠。

繼續往下看，「吾見世間，**無教而有愛，每不能然**」，這就是我剛剛說的意思，對孩子只有愛沒有教，一味地寵、一味地溺愛孩子，那不是愛孩子。「無教而有愛，每不能然」，意思是不能離開教化、督責而說愛的，愛包含著對孩子負責。如果一味嬌寵，就意味著父母對孩子的成長和發育不負責任。不負責任那叫愛嗎？一味滿足物欲，那叫愛嗎？那不叫愛，那叫害。

「**飲食運為，恣其所欲，宜誡翻獎，應呵反笑，至有識知，謂法當爾。**」「飲食運為，恣其所欲」，對待子女的吃

喝玩樂、任意放縱、不加管制。現在多少家長、多少爺爺奶奶是這樣帶孩子的？對待孩子的吃喝玩樂，任意放縱不加管制。「宜誡翻獎」，本來孩子不守規矩應該教訓的，比如大家在吃飯，孩子卻在大廳裡跑、叫、喊，本應該馬上拉過來一頓教育，「大庭廣眾之下不可以高聲喧嘩，孩子也不行，規規矩矩坐著。」應該勸誡。

結果現在很多家長，「你看我孩子多自由，膽可大了，這麼多人他還喊叫，可天真爛漫了。」「應呵反笑」。現在家長帶孩子是不是都這麼帶？自己不知道這樣帶孩子有問題，看自己孩子可喜歡了，孩子做啥都覺得對、都覺得好，即使打擾了別人也沒關係，小孩子嘛，沒關係，大人包容一點吧，太多這樣的家長了。

「至有識知」，意思是等孩子長大懂事的時候，就會認為本來就應該是這樣的，「謂法當爾」，就應該是這個道理。我想要你就得給我，你為啥不給我？不管什麼場合，我想大聲笑就大聲笑，你們受不了你們出去。現在太多這樣的年輕人，基本的禮節和規矩都不懂，振振有詞，「我犯法了嗎？我犯哪條法？犯法了你抓我，你報警啊！」

現在很多人都不守規矩，比如遛狗不拴繩的。就這麼一點事，但就是不遵守，都是因為小的時候父母無教而有愛。孩子任意妄為，父母不罵孩子、不打孩子，好像這就是愛。其實不然，這叫有慈無威，孩子就會肆欲輕言、不知規矩、恣其所欲，千萬不要這樣，這絕對不是愛。孩子七歲前一定要教化好，同時在情感和感情方面要有慈愛，這才是陰陽。

　　我記得犯罪心理學有那麼一段，有一位日本心理學家專門研究犯罪心理學，他有一個課題是關於成年人犯罪的心理動機。他進行了大量調查研究，很多罪犯，有經濟的、有刑事的，調查這些罪犯的家庭背景，研究他們犯罪的心理動機跟他原生家庭的狀態，跟他童年時父母長輩對他的管教方式，是不是有直接關係。

　　我們想一想，長大以後犯罪的孩子，他的原生家庭會是什麼樣子，是不是都會覺得有可能是單親家庭，缺失父愛或者缺失母愛？是不是可能是暴力家庭，父親暴力，打老婆、打孩子，是不是會覺得這樣的家庭占的比例應該最大？但其實不是的，心理學家統計出來的資料結果是，犯罪率最高的家庭是溺愛型家庭，反而不是有暴力傾向的或者單親的、缺

失父愛母愛的家庭，這些家庭並沒有溺愛型家庭出的犯罪分子多。

這位心理學家後來寫了很長的論文，去論證為什麼會這樣，溺愛型家庭的孩子為什麼長大以後容易犯罪。其實，不就是我們說的即時滿足嘛。我想要的你就得給我，溺愛、嬌寵，這樣的孩子就會驕橫、驕縱。在家裡我是天、是小皇帝，我哭一聲爺爺、奶奶就不行了，爸爸、媽媽都得聽我的，我要什麼就得給我什麼，不給我就跟你們幹。

這樣的孩子長大以後，到社會上會是什麼樣的呢？是不是就是我要你就得給我，我相中了你就得跟我，你不跟我的話我就跟你鬧，想盡辦法必須得讓你跟我。工作上我要升職加薪，主管就得給我，我要什麼你就得給我什麼，不給我就跟你拚、跟你幹，完全控制不了自己。

從小嬌慣，他的前頂聯合區得不到訓練，被本能、本性所控制，想啥就得幹，控制不了，無法自律。犯罪都是因為無法自律，看見財富了，不管是不是他的，都得拿回來；看見美女了，不管人家跟不跟他，他都得想辦法追到手。

如果真想對孩子好，記住，家教、家訓一定要到位。不

需要暴力，要威嚴而有慈，態度是溫和而堅定。

我們經常看到這種現象，小朋友在商場要一個玩具，打滾、哭鬧，媽媽上去就是兩腳或者兩耳光。不可以，這樣肯定不行。媽媽的態度要溫和而堅定，不行就是不行，但是溫和，再鬧也不行，「起來，跟我走，說好了，明天早上把你的小被子疊好，玩具收拾好，小房間打掃好，明天可以買玩具給你，做不到不可能買給你」。

這裡也是在強調前面的那一段，在孩子小的時候，不能無教而有愛，一定是有教才有愛。如果一味放縱，孩子就會覺得理所當然，道理就應該這樣。

「驕慢已習，方複製之，捶撻至死而無威，忿怒日隆而增怨，逮於成長，終為敗德。」這話說得多好。如果放縱嬌慣孩子，最後驕慢已經成了他的習性，「方複製之」，這個時候才想到要制止他，就是打死他，他也改不了，你的威信也再建立不起來了。

這個時候，你越指責他、越謾罵他、越讓他改正，「忿怒日隆而增怨」，孩子越恨你。到了青春期你才管他，才知道應該管教孩子，晚了，打死他也建立不起你的威信，打死

他他也不會改，習性已經形成了，越指責他他越恨你。「逮於成長，終為敗德」，等他長大以後，一定是不守規矩，沒有道德底線。本來是一個好孩子，誰害的？做父母的有愛無教就是害孩子。

不要以為把孩子養大就行了，他的身體是長大了，但他的心理呢？他的意識方面呢？他的道德呢？他的品行呢？應該是要同時長大的。結果這些方面都長不大，只有身體長大了，就成了社會的敗類。這一段挺重要的，為什麼把《顏氏家訓》的《序》和《教子篇》拿出來講，就是要讓大家知道，孩子三至七歲時家教的重要性。

這裡借用了孔聖人一句話，「孔子云：『少成若天性，習慣如自然。』是也。」孔聖人都說過這件事，孩子小的時候把他教育成什麼樣子，養成什麼習慣，就像天性一樣，習慣成自然。「是也」，說得太對了。

「俗諺曰：『教婦初來，教兒嬰孩。』誠哉斯語。」新媳婦剛進家的時候，家裡都規規矩矩，清楚地告訴新媳婦，我們家的規矩是什麼，你來了以後也得守這些規矩。初來的時候就告訴她，以後自然而然就習慣了，不要等人家都嫁過

來十年了，把你家都當成自己家了，你才告訴她應該怎麼樣，她已經改不了了。

公司招新人時，是不是一定得進行新人培訓？新來的員工，剛進公司特別興奮，覺得公司特別有神祕感，很嚮往，終於得到了，終於可以進來了。這個時候你說啥他都聽，心中會有誠敬和畏懼。這個時候嚴加管教，到後面就成自然了，在工作崗位上自然而然就會守規矩。

但是如果新員工進公司沒有任何培訓，很散漫的就進來了，剛開始的時候，他在陌生的環境中知敬畏，見到主管會打招呼，主管給他安排事情他會特別重視。過了一段時間，用不了半年，他跟這兒熟了，發現這裡啥規矩都沒有，就會變得自由散漫起來。後面再給他定規矩，他就得走人了，而且心裡全是怨恨，這一套東西在管理方面，都是非常非常重要的。

比如說中國的軍隊戰鬥力最強，組織紀律性也是最強的，任何軍隊都是如此，如果沒有組織紀律就是土匪。所有的正規軍一定是紀律嚴明，上下等級分明，官大一級壓死人，這就是軍隊。新兵入伍得有三個月的新兵訓練，非常艱

苦，為什麼那樣，為了讓你守規矩。見到長官畢恭畢敬，都得敬禮，走路踢正步等各種訓練，早早起床，各種吃苦。為什麼？這就相當於「教婦初來，教兒嬰孩」。三個月以後，確實能訓練出來的能守規矩的，正式入伍；守不了規矩的或者堅持不下去的，淘汰回家。

公司也是一樣的，如果把這一套東西用在公司管理上，你是老闆，你的員工是不是跟你的孩子一樣？老闆應該對員工什麼態度？現在很多人不會做老闆，對員工像對自己孩子似的，認為只要給他多點薪資、多發獎勵、多表揚，他對我就親。你蠢得很，你越給員工高工資，越給員工獎勵多，越天天表揚員工，員工越恨你，你信不信？

對員工也要像對孩子一樣，威嚴而有慈。保持距離，堅守等級，你是老闆，你就是天。什麼叫官兵一致？那都是口頭的。官兵一致的話，戰場誰指揮？怎麼一致？才不是這麼回事。家要有等級才不會亂，公司要有等級才不會亂，國家要有等級才能安定，不是這麼回事嗎？有等級、秩序，才有「孝」，才有「仁」，後面才有「禮」，才有「義」，任何團體都是這樣的。

我們在學家訓，公司是不是也是家，齊家才能治國，然後平天下。能把家治理好，孩子帶好，也就能把員工帶好。家裡都能規規矩矩的，都非常安定，再把家裡的這套東西拿到公司去，也能把公司管好。

我講家訓，可不僅僅是教你怎麼教自己的孩子。想想你的公司，如果你是老闆，想想怎麼帶你的員工。其實是同一個道理，都是通的，修身、齊家、治國、平天下，都是同一回事。

第五章
《顏氏家訓》之《教子篇》（下）

繼續講《教子篇》。

「凡人不能教子女者，亦非欲陷其罪惡；但重於訶怒，傷其顏色，不忍楚撻慘其肌膚耳。」這句話很好理解，凡人就是普通人、一般人，對子女不管教。為什麼我不能盡責地管教我的子女？「亦非欲陷其罪惡」，做父母的本意並不是想放縱子女作惡，不是想讓他犯罪，不是想讓他作惡，不是想放縱他。

一般做父母的心理是什麼樣的呢？「但重於訶怒，傷其顏色，不忍楚撻慘其肌膚耳。」其實我們做父母的，都不願意看到子女受到責罵或者訓斥時沮喪的神色。我們在打孩子、罵孩子的時候，孩子那種害怕、恐懼、瑟瑟發抖，做父母的心疼，我們不想讓孩子那樣。我們都希望孩子開心、快樂，更不忍心讓子女因為挨打受皮肉之苦，這是做父母的通

病，所以叫凡人。

　　現在家長教育孩子不像以前了，以前家長教育孩子，尤其是父親，打罵孩子都是非常正常的事，養不教父之過，父親一般管教孩子都比較嚴厲，說打一頓就打一頓，說罵一頓就罵一頓，罰站、挨打都是很正常的。但是現在不然，我們會覺得這樣不對，尤其是我們跟西方學了很多之後。西方人要尊重，孩子有人權、不能碰，要敢碰孩子一下，警察就把孩子帶走了，不讓你養了，有人替你養，甚至還有可能被判刑、坐牢。

　　結果現在中國人都跟西方學，對孩子也不責罵，也不打了，倒是尊重人權了，孩子自由自在了。現在有一種風氣，對孩子完全放任了，一點都不碰了。這樣就過了，這是不可以的。

第一節
家教的三個階段

　　作為父母到底應該怎麼管教孩子？首先要做到言傳身教，這是非常重要的。

　　前面也講過，在孩子小的時候兩歲半左右，要立規矩，該管教的要管教。那個時候我們嚴格一點，尤其父親要在孩子面前立威。如果那個時候把威嚴立起來了，孩子大了以後不需要責罰他，不需要罵他，不需要打他，規矩已經立起來了，這個孩子不至於走得太偏。

　　像這種「重於訶怒，傷其顏色，楚撻慘其肌膚」，打罵的情況，都是孩子兩歲半、三歲左右的時候，我們沒有開始給他立規矩，沒有開始責罰他，沒有開始立威嚴，等孩子大了，一般七、八歲左右才開始管。

　　為什麼說「七歲八歲討狗嫌」？這個時候孩子淘氣了，也有主見了，三至七歲的時候又沒有嚴加管教，七、八歲就開始任意妄為了。這個時候你再教育他，就得責罵、就得

打、就得罰，但其實這個時候已經晚了。家規、家訓、家教的黃金時期是三至七歲，三歲就開始了，那個時候管好了，一輩子不需要再管了。那個時候如果錯過了，七歲、八歲一直到十二歲又是一個階段，這個階段就得罵、就得打，再立威嚴，下手就得狠一點了，這樣才能把孩子糾正過來。

盡量不要拖到這個時候。做父母的都心疼孩子，對孩子捨不得，尤其這幾十年計畫生育、獨生子女，一個個孩子家長都當寶似的，誰捨得打，誰捨得罵？別說打了，你要敢罵一句，上頭四個老人拚了命護著，爺爺、奶奶、外公、外婆，你還敢碰孩子？你敢打孩子？現在中國家長很難做的。

家教有三個階段，三至七歲是一個階段，這是家教的黃金時段；七至十二歲又是一個階段，如果你在孩子三至七歲這個階段把家教做到位了，七至十二歲就交給老師了；第三個階段是十二至十八歲，就這三個階段。

三個階段各有不同，三至七歲完全是家教的階段，在家裡父母尤其父親要起到作用。七至十二歲，孩子就不怎麼太聽父母的話了，父母對孩子的影響力已經不大了。這時對他影響力最大的是老師，也就是孩子上小學階段最聽老師的

話，老師讓他寫作業，他不敢不寫。十二至十八歲時，社會對孩子的影響非常大，老師的影響力就不大了。十二至十八的孩子已經進入青春期，偶像、外面的人對他的影響力大，還有身邊的朋友對他的影響力大。

孩子從兩歲半、三歲，自我意識剛開始萌芽，一直到十八歲成人，三個教育階段各有側重點，三至七歲是家庭教育，七至十二歲是學校教育，十二至十八歲是社會教育。針對這三個不同階段，我們對孩子的管教就要有所側重。

三至七歲，家長一定要起到作用，這是家教的黃金時段，父親要樹立你的威嚴，慈父同時也要是嚴父，這個時候不存在打罵，只需要立規矩。

七至十二歲交給老師，給孩子找一個好學校，找一個好老師。找什麼樣的學校、什麼樣的老師？尊重孩子、鼓勵孩子，在禮儀規矩、團體規矩、社會規矩方面特別注重的，特別尊重人性的學校，即使升學率不高，問題也不大。在這個階段要注意保護孩子的自尊，注意保護孩子的自信，讓孩子對學習感興趣，這是最重要的。找到這樣的學校，交給這樣的老師，你後面就不用太操心了。

第三個階段，十二至十八歲，這個時期孩子的夥伴對他的影響力最大，要注意孩子和什麼樣的孩子在一起玩。如果發現孩子在十二至十八歲青春期時，鄰居或者同學中有壞孩子、反社會行為的孩子，他經常和沒有什麼家規、家教的孩子一起玩，你就要注意了，一定要讓他離開這個團體。

　　責罵、打罵是沒有用的，唯一的辦法就是搬家。學一學孟母三遷，為什麼？就是不讓孩子接觸壞環境、接觸壞孩子，擔心孩子被帶偏。我們知道這三個階段各自的側重點了，就知道怎麼教育孩子了。

　　這裡講的是「凡人不能教子女者」，也就是三至七歲這個階段已經過去了，但我沒教好孩子，現在到了七至十二歲這個階段了，孩子已經沒規矩了、沒有家教了，怎麼辦？七歲、八歲開始討狗嫌了，你發現孩子有問題了，不懂禮貌、沒有規矩，發現他七歲上學以後不能融於團體，老師、同學們都討厭他、反感他，甚至不好好學習了，那這個時候就得打、就得罵了，以前沒教好，進入第二個階段怎麼辦？就得打，就得罵。

　　「老師，你怎麼能這麼說呢？現在都講究自由民主、尊

重人性，孩子也是人，我怎麼能動手打呢？」

　　你不要以為西方的一切都是好的、都是對的，我們中國這套教育孩子的體系，已經實行了幾千年，培養出了一代一代的精英。我們培養出來的精英，可不僅僅是在世上能做事，我們的培養不僅僅是能力，更注重品德，更注重功德，更注重人倫道德，這是西方所欠缺的。他們根本不關注這些，不提倡這些。

　　當然，西方有好的東西，他們在科技上，他們的自由民主，他們的博愛是有的，但是沒有人情，他們根本沒有孝的教育。西方所謂的自由、民主和博愛，跟我們理解的完全不是一回事，他們說的是宗教意義上的自由，宗教意義上的民主，宗教意義上的博愛。

　　他們的自由、民主和博愛都是有前提的，最基本的前提就是信上帝。在上帝面前我們是自由的，在上帝面前我們是平等的，在上帝面前我們是民主的，在上帝面前我們是博愛的。如果沒有這個前提，如果你不信上帝，他們對你是不會談博愛的，不會談自由、民主的。

　　我們中華沒有上帝信仰，我們信的是什麼？我們有我

們的三大信仰。第一是無神具靈，我們相信這個世上沒有神，中華是無神論，沒有一個上帝或造物主創造了我。無神萬靈，連一塊石頭都有靈，連一片水都有靈，連一座山都有靈，靈與靈之間完全平等，都是獨立的自我。我們任何一個人也都是獨立的自我，而「我」就是我的宇宙的上帝，我的世界的上帝就是「我」，這是中華的信仰。

第二個信仰，敬天。天是什麼？大道之自然。我們最敬仰的是大道的自然，自然、大道，天地宇宙之運行是有它的規律的。敬天的意思是中國人都是遵循著宇宙大道這個自然規律的，我們不去違背它，我們遵循它的規律做事、做人，這是我們的一個信仰。

第三個信仰，法祖，敬天法祖。我們知道沒有一個創造我的上帝，但是我有生我、養我的父母，生我、養我的父母也有父母，父母的父母還有父母，一直到最早最早的祖先。我們是以祭祀的形式來尊重、敬仰我們的祖先，我們信我們的祖先，拜我們的祖先，我們不忘祖先，我們要把祖先告訴我們的這些宇宙自然的規律傳承下去。

這是中華信仰的基礎，和西方完全不一樣。所以我們講

究「孝」，我們最講究祭祀，我們最講究研究宇宙和自然的規律，這是中華真正的傳統，中華真正的信仰。

現在我們講家教、講育兒，我知道現在中國社會占主流的，都是西方的育兒理念，各種西方的教育理念充斥著中國。他們的自然教育、不爭的教育等等，現在是教育的主流，不管幼兒園、才藝班還是學校，基本都往這個方向走。

我們老祖宗的東西，現在可以說基本已經沒了，甚至現在你如果提用老祖宗的東西教育孩子，人們會覺得那是封建、僵化，怎麼能那麼教育呢？得用西方先進的、科學的教育方法教育孩子。西方就一定科學嗎？西方的兒童教育史才幾年？

中華的蒙學在周朝的時候就已經完全成型了，也就是三千多年前已經有胎教、蒙學，並且成了體系。中華的這套育兒學，已經經歷了幾千年的時間考驗。不是說我們沒有問題，但是我們在主流上是沒有問題的。我們也有問題，比如科舉制，特別注重人文、人倫、人哲方面的教育，對自然科學、應用科學這一方面沒有過多的關注，這也是問題。

在數學、科技、對宇宙自然規律的認識等方面，我們

是全人類裡研究最早的。四大文明古國、四大古文明，只有中華一直延續著，其他三個不要說到底有沒有過，即使有，它現在也沒了，根本沒延續下去。只有中華從上古文明到現在，一直就沒斷過，我們的語言、文字、科技、數學、曆法各方面，什麼都沒斷過，一直延續到現在，太難能可貴了。

包括這一套育兒學，已經用了幾千年了，培養出了千千萬萬的精英，每個時代都有那麼多的精英出來，這一套學問有問題嗎？我們為什麼要否定自己的這一套東西呢？現在的教育工作者，有幾個研究歷史上的蒙學是怎麼回事、胎教是怎麼回事、育兒學是怎麼回事的，有人研究嗎？

現在那些所謂的教育精英，是不是全都在研究西方那套東西？可是西方真正有育兒學才幾年？提出育兒學這個概念才幾年？現在都不成體系。這跟我們幾千年的沉澱怎麼比？講到這裡，我真的很痛心。

為什麼要講這一段，因為這裡講到了怎麼教育孩子。現在教育孩子是呵護式教育、勸說式教育、任性式教育、寵愛式教育，這樣教育對嗎？難道西方就是這樣教育的嗎？也不是那麼回事，該責罵不還得責罵嘛。結果中國現在都是獨生

子，家家都寵愛、寵溺。

做父母的一定要搞清楚，對孩子最大的危害是什麼，縱子如殺子、慣子如殺子，如果一味地寵愛孩子，一味地讓孩子任性，不加責罰，那就叫縱子。

為什麼孩子長大以後會犯罪？為什麼那麼自私？為什麼不顧集體利益、不顧別人的感受？為什麼？你想想你的孩子小時候在家裡，是不是所有的家人，從爺爺、奶奶老一輩到父母，從叔叔、伯伯到舅舅、阿姨，是不是全都寵這一個孩子？全家都在寵，寵到什麼程度？吃飯的時候把最好吃的先給孩子，孩子先吃，老人最後吃。

家裡的大人都把孩子當成小皇帝，小皇帝一開口，爺爺、奶奶、所有的長輩都得服從，必須得圍著他轉，他要是哭了，那可了不得。這是不是中國的現狀？

這樣的孩子長大以後，讓他顧及別人的感受，有可能嗎？是不是所有人都得顧及他的感受？在家裡把孩子當成土皇帝養著，驕縱著、嬌慣著，到了社會上你告訴他要聽主管的話，要懂禮貌，要懂規矩，要察顏觀色，要會關照人，要知道別人什麼感受，講這些有用嗎？小的時候你怎麼訓練他

的？吃飯的時候坐主位的，是孩子還是老人？吃完飯是誰幹活？是老人幹活、媽媽幹活，孩子伸不伸手？家裡要不要求孩子做家務？孩子吃完飯以後，碗是自己洗、媽媽洗，還是爺爺、奶奶洗？你看看你家裡是什麼家風？當我問這些問題的時候，請想一想，中國人現在是怎麼教孩子的？

而我們古人是怎麼教孩子的？小小的時候，三、四歲開始，吃完飯以後自己去洗自己的碗，早上起床以後把自己的床鋪收拾好，還得把父母的床鋪收拾好，然後灑掃庭院，這是孩子做的事。

現在有這樣的嗎？孩子的社會性、孩子的團體意識是怎麼培養的？是在哪兒培養的？孩子怎麼可能顧及別人的感受？不就得在家裡培養嗎？他最小，他要顧忌長輩的感受，他得去理解，他得去看長輩的眼色，長輩不高興了，為什麼？是不是我哪做錯了？就得檢討自己，馬上就得糾正，就得改。戰戰兢兢、如履薄冰，這是中華的教育。

「老師，這樣孩子在家裡得多壓抑呀？」錯！不是那麼回事，我們在規矩、禮節方面嚴格要求孩子，但是在情感、感受、生活方面，我們要無微不至地關照孩子。

作為父親，第一是嚴，針對的是孩子的規矩、禮節，他的社會性；第二是慈，我們既是嚴父又是慈父，讓孩子的心靈是自由的，思想是開放的。這不會壓抑孩子，規矩是嚴格的，思想是開放的，會帶著他去研究規律，去暢遊宇宙。

生活上，在吃、穿、住等方面，我們無微不至地關照，情感方面我們無微不至地關照，隨時滿足他，這是中華的教育方法。嚴父慈母，父母給到孩子陰陽兩面，陰陽、黑白，這就是一種平衡。最失敗的育兒教育就是放縱，而現在中國的家庭基本上都在放縱孩子。

「老師，我爸不放縱，他可嚴厲了。」嚴厲的往往是暴力，這種暴力可不是我們說的真正的管教，這可不是教化，不是家教。父親有人格缺陷，或者媽媽心理有問題，把自己的壓抑、恐懼、憤怒發洩到孩子身上，以教育孩子為名，以家教為名，來責罰或者打罵孩子。

其實是父母心理有問題，父母是變態的、控制的、恐懼的、壓抑的，這樣的父母以愛孩子的名義，以我要管教你、對你好的名義來責罰打罵孩子，這更要不得，這會給孩子造成很深的心理創傷。

我做了這麼多年的個案諮詢，碰到太多這樣的案例，從小在父母責罵聲中長大的孩子，都有嚴重的心理創傷，然後會一代一代傳下去，這也是遺傳。你有這樣的父母，從小就以一種變態的方式對自己，暴力的方式對自己，自己心裡是恨的。但是自己長大以後有了孩子，也會變成這樣的父母，一代一代傳下去，很可怕。

　　這是兩個極端，一個極端是放縱型父母，一個極端是暴力型、變態型父母，導致現在很多孩子的心理健康都是有問題的。

　　現在很多二、三十歲、三、四十歲人來我這兒做諮詢，都是人際關係問題，比如沒有親密感，跟主管總是衝突，總是不知道怎麼處理關係，結果一看都是跟父母的關係問題。這類來訪者幾乎小時候都有嚴重的心理創傷，長大以後就會帶到他的婚姻當中，帶到他的工作當中，帶到學習當中。

　　現在差不多 90% 的中國人心理都是不健康的，只是嚴重程度不同而已，這非常可怕。一百個人裡能有十個是相對健康的心理狀態，那都已經非常不錯了，中國的社會現狀就是如此。為什麼我要來講家訓、家教，其實就是因為這個。

但是就算我講了這些理，你知道了這些理，但是你是做不到的，不是你清楚了這個理就能做到的。我們所有講的理，你明白這個理了，在現實中就能對孩子做到，這是有一個前提的，這個前提就是你的心理是健康的。在父母心理健康的前提下，父母學了理是「知」，「知」之後就能「行」，就能用在孩子身上。

　　如果你不具備這個前提，也就是說作為父母你的心理是不健康的，你自己就帶著巨大的童年創傷，自己的心理都是變態的，你再明白這些理也用不了。為什麼？因為你控制不了自己的脾氣，控制不了自己的情緒，看著孩子不聽自己話了，立馬火冒三丈，上去就罵，上去就打，你控制不了的。

　　文中講的對孩子罵也好、責罰也好，那是有前提的，前提就是真的對孩子好，是真的從教育孩子的角度出發，是在心理健康的情況下。責罰孩子、打罵孩子並不是因為自己發怒，自己有巨大的情緒，然後發洩在孩子身上，不是的。我在罵孩子的時候，我是沒有情緒的，我知道我要震懾這個孩子，我要讓他在我的震懾當中改變，我是給孩子一種力量，讓他去改變。

這是我的威嚴，但我絕不是恨孩子，我不是討厭孩子，我不是怒其不爭，這完全是兩個概念。我甚至可以責罰他，打他屁股，拿棍子打，但我知道我為什麼要打，他必須得改變這些行為。什麼行為？規矩、禮節，做人、處事這些最基本的道德不能違背，違背了我就得責罰你，讓你知道這樣做是不對的。但父母絕不是在盛怒之下責罰孩子。

　　看看我們現在的家庭矛盾、親子關係問題多麼嚴重。孩子十二歲進入青春期以後，童年創傷馬上就開始復發出來，青春期的叛逆、反社會行為、各種變態行為開始出現。為什麼？青春期的孩子是半成品，還沒有進入社會，十二至十八歲是試運行階段。

　　試運行是什麼意思？十二歲之前父母包括學校，是怎麼帶孩子的，有沒有給孩子留下深刻的心理創傷，如果有的話，十二至十八歲就會表現出來，會表現出變態行為、反社會行為或者是叛逆。其實孩子這是在告訴你他有問題，你要來幫他調整了。

　　我做了這麼多年心理諮詢，調整了好多孩子，就發現十二至十八歲的孩子不管什麼問題，多麼嚴重的問題，從心

理的角度療癒他的內心創傷、童年創傷其實並不難，療癒的效果也是最好的。因為他還處於半成品階段，還沒有形成固定的模式，變態也是一種慣性，慣性的力量、軌跡還沒有那麼深。

所以十二至十八歲青春期的孩子，如果你發現他有問題，趕快找優秀的心理諮詢師給孩子進行調整，不晚。十八歲之前，很多問題都是可逆的，調整了以後孩子立馬就變了，叛逆行為、反社會行為、變態行為立馬消失；十八歲進入社會之後，年齡越大越不好調整。我做了太多這樣的案例，比如成人以後因為失戀要自殺的，因為調動工作特別恐懼的，恐懼症、焦慮症、抑鬱症等各方面，基本上都跟童年的經歷有關。

跟童年有關，就是跟父母和孩子的互動有關。所以我開這個課就是講給父母聽的，你應該怎麼跟孩子互動，孩子在哪一個階段，父母應該怎麼做才是正確的。我們不僅僅要在生理上、身體上照顧好孩子，讓孩子健康長大，還要在心理上呵護孩子、保護孩子，給他正確的引導，讓孩子有一個健康的心理，這一點更重要。一個孩子要想真正成功，一定是

從身和心兩方面都要做到位，父母才是合格的。

　　本來我講《壇經》、講國學，講比較高的經典。大家心裡都嚮往成長、嚮往圓滿，這是正常的，也是應該的。但後來我做了幾年以後發現不對，太多中國人的底子──身體和心理都是不健康的，都有嚴重的問題，還求什麼心靈的成長以及圓滿？連健康都達不到，怎麼能圓滿？所以這些年我回過頭來講精英教養學、講家訓。

　　我原本是講《壇經》、講禪、講《道德經》的，那是我特別喜歡講的東西，為什麼又反過來講家訓、講精英教養學，教大家怎麼備孕、怎麼胎教、怎麼哺乳、怎麼帶孩子，為什麼？因為這是中國人最缺的，這就是我們說的底子。

　　其實這是給父母講的，父母真的學會怎麼備孕，甚至根據什麼找伴侶、怎麼胎教、怎麼度過哺乳期等等，一直到孩子十八歲，孩子成長各個階段的心理特徵、生理特徵，身心的各方面我都要講，為什麼？這是基礎，這是長大以後邁向更高的修行、追求心靈真正圓滿的基礎，身心都是基礎，這就是我講家訓的目的。

　　我希望聽我的課的家長們，在懷孕的時候就知道後面

應該怎麼帶孩子了，這樣的話，孩子長大以後就是身心健康的，就是快樂的、開心的。哪怕在現實中他碰到挫折與磨難，哪怕他談戀愛時被人拋棄了，他也是開心的、快樂的，而不是抑鬱的，不會是焦慮或者恐懼的。哪怕他在工作崗位上被人無形打擊、歷經了磨難，他都是樂觀的。難道我們不希望孩子是這樣的嗎？至於他有多大的成就，其實是第二位。

孩子這一生走過來，身心健康、樂觀、開心、快樂，足夠了，這是我們所有家長的共同心聲，足夠了。然後我們再說望子成龍、望女成鳳，孩子事業有成、對社會有所價值，那是後面的事。我開課的目的就在這裡，我苦口婆心地給大家講這些，這是落實的東西。

蒙學、胎教，在我們的先祖那裡，是最寶貴的智慧，包括一整套的理論，同時又有一整套的實踐方法，難能可貴。它就在我們的家訓裡、家書裡、家教蒙學裡。我們歷朝歷代的先祖都特別重視蒙學，重視孩子怎麼能健康成長，結果現在的中國人天天跟西方學，西方有蒙學嗎？

你去看看他們的心理學、育兒學，他們一而再的走彎

路，到現在還都是在試錯的過程當中。幾十年前風靡整個國際社會的行為主義流派，教育孩子像訓練動物一樣，結果害了多少代的孩子，現在回過頭來覺得不對了，又開始尋求新的方式。

我們中國人不知道怎麼跟人家西方學，我們這一代，甚至我們前一代，學的是行為主義那一套。行為主義現在已經被西方淘汰了，結果我們卻還在用行為主義對待我們的孩子，拿孩子當實驗品。

西方現在還沒弄清楚怎麼開展蒙學、胎教的本質到底是什麼、哺乳期應該注意什麼、三至七歲的孩子應該怎麼帶……等等這些根本不知道。最可悲的是，現在我們的教育工作者，卻把西方的育兒理論當成「聖經」，天天在那兒研究。

但是，西方的育兒理論發展到現在一共不超過一百年，才實踐了幾十年，驗證出來還都是錯誤的，至今也沒有一個正確的方向，在國際上都沒有出現一套統一的體系。到底跟他們學什麼？又會把我們的孩子教育成什麼樣？想一想都覺得可怕，這就是我在此講解家訓的目的所在。

「凡人不能教子女者」，打和罵到底應該不應該？我們把東西方比較一下。

我在德國的時候，有一個朋友開中餐館的，孩子把他氣得不行了，他恨不得一巴掌打過去。「你敢打？你敢打？」馬上打電話報警，警察立馬就來。「幹什麼？怎麼回事？」「我爸要打我。」要打，還沒打呢，警察就來了，警告他爸：「你要是敢打他一下，我們立馬就把孩子接走，政府養著，你就見不著孩子了。」把朋友氣得，自己的兒子管不了，打不了。後來朋友想了一個好招，每年放暑假的時候，把兒子帶回國內，每次都是先一頓暴揍，好好出出氣，然後告訴孩子哪兒不對，得改。回德國之後，對孩子一下也不敢碰。

「老師，打孩子對嗎？」我們前面不是講這個道理了嘛，一味打、發怒去打，自己發洩，絕對是不對的。自己心理變態，對孩子發洩怒氣和強烈的控制欲，絕對不可以。但是一味放縱、一味不責罰，也是不對的。

而且我們說了階段性，孩子三至七歲不需要打、不需要罵，你只需要有威嚴，臉色一沉、聲音一大，孩子立馬就感

受到了，不需要打。三至七歲的時候，做父親的沒做到位，不嚴厲，父親的威嚴沒立起來，等孩子七至十二歲的時候出了問題，拿孩子沒辦法，就只剩罵和打了。前面沒做好，「不能教子女者」，後面能怎麼辦？不打、不罵怎麼辦？怎麼糾正孩子？是不是這個道理。

十二至十八歲打罵已經沒用，這個時候不需要打也不需要罵了，沒有意義了，打罵的階段已經過了。打罵這個階段也就是在七至十二歲，孩子還會怕，你還能糾正得過來。

打罵孩子這一段，肯定會有很多人不能接受。「什麼老師？還讓家長打孩子、罵孩子，什麼玩意兒？」我講的育兒跟西方的育兒學完全不一樣，會戳這些疼愛孩子父母的肺管子。

偏心的父母、愛孩子的父母、寵孩子的父母，看自己的孩子怎麼看都好，看別人家的孩子都是問題多多。自己的孩子在飯店裡大喊大叫、四處跑，「你看這孩子多放得開，我的孩子怎麼這麼樂，真開心」。把別人煩得不行，自己卻看不出自己孩子有問題。別人家的孩子一跑一叫一鬧，卻受不了：「這他媽誰家的死孩子？」這就是中國父母，這是中國

父母的大問題。

聽我講課，得有比較強的心理素質，一針見血，我不考慮別人的感受，但不要斷章取義。

「當以疾病為諭」，到底要不要打罵孩子，我拿生病作個例子。「安得不用湯藥針艾救之哉？」得病了，不吃藥、不扎針嗎？扎針疼不疼？艾灸燒著疼不疼？疼，但那不是因為你得病了嗎？沒得病幹什麼給你藥吃？前面三至七歲沒教育好，七至十二歲就得開始打罵。打罵、責罰就是湯藥，是治病的針灸，孩子得吃點苦頭，不吃點苦頭糾正不過來。

「又宜思勤督訓者，可願苛虐於骨肉乎？」如果你平時盡到了認真督導、訓誡子女的責任，又何須到後面責罰打罵自己的孩子呢？意思是平時就應該訓誡督導孩子，孩子三至七歲的時候，只需要訓誡和督導就可以了。

如果三至七歲的時候你做好了，至於七至十二歲打孩子嗎？不需要。「誠不得已也。」那不是沒辦法啊！前面沒教育好孩子，這是我的問題，後面如果繼續放縱孩子就更是我的問題了。做父母的，尤其是做父親的，得彌補、得忍痛，該罵的罵，該打的打。

中國人應該怎麼教育孩子，可以分三個階段：三至七歲勤加訓誡督導；七至十二歲融入團隊，上學聽老師的好好學習；十二至十八歲能分辨出好夥伴，是非、對錯、善惡孩子都知道，你不就省心了？

　　做好三至七歲，後面基本就省心了。如果三至七歲你沒做好，七至十二歲還有機會，該打該罵該責罰，給他糾正過來，這樣十二至十八歲你也就省心了。

　　否則前面兩個階段，三至七歲沒做好，七至十二歲沒做到，十二至十八歲父母就遭罪吧。你看看孩子怎麼反叛的，離家出走、割腕自殺，跟你對著幹，那些變態行為、反社會行為、成癮行為就來了。十二至十八歲的孩子你就管不了了，必須得找專業人士才有可能幫他調整過來。

　　如果三個階段都沒做好，這個孩子到了社會上就是禍害，會有各種犯罪、變態行為。就算他不犯罪、不變態，但是自己特別痛苦，會在情感方面或者學習、工作方面四處碰壁、受挫，這些年我們見得太多了，中國社會這種情況比比皆是。

　　問題是二、三十歲、三、四十歲的人，自己並不知道自

己有童年創傷、心理有問題，他不知道，他以為自己就是這個脾氣、就是這個性格，控制不了情緒，以為自己天生就這樣，這是很大的悲哀。他都不知道要就醫，不知道問題是可以調整過來的。

當然，在中國真正會調整你心理問題的人太少了，沒幾個專業的人。想用西方心理學來調整中國人的心理問題，不可能，嘗試了幾十年，根本調整不了。為什麼？中國本身有強大的文化底蘊，集體的潛意識多麼強大，西方心理學能調整中國人的心理問題？絕不可能。必須得用老祖宗的法、老祖宗的藥，來治我們自己身心的問題。

我的學生必須得從精英教養學、蒙學、胎教開始學起，這是基礎。然後才是《論語》、《孔子家語》、《孝經》這些經典，接下來才是學怎麼做事，《韓非子》、《鬼谷子》、《素書》等等，再往後才是《道德經》、《壇經》。一步一步來，都得學，都是老祖宗的大智慧，跟我們每個家庭息息相關。

我的學生要學太多東西了，不僅東方老祖宗的經典要學，西方心理學、量子物理學、腦神經科學也得學，這樣才

能把東西方結合起來，才能形成一整套的理論體系、一整套的智慧體系，能最直接解決中國人自己的問題。在這裡希望有識之士、志同道合者一起來做這件事，我一個人做不了。

　　前面這一段是幫大家整理一下，教育孩子應該分幾個階段，每個階段應該做什麼、怎麼做，清楚了以後，當你的孩子到了某一個階段，你就知道應該從哪一個角度去做了。當然，前提是你的身心是健康的，否則教你了你也做不到。

第二節
古人到底打不打孩子

　　再看下一段，舉了一個例子。

　　「王大司馬母魏夫人，性甚嚴正；王在湓城時，為三千人將，年逾四十，少不如意，猶捶撻之，故能成其勳業。」王大司馬是誰呢？南北朝時候梁國的大司馬王僧辯，他的母親叫魏夫人。這個老太太「性甚嚴正」，性格很嚴謹端正，有威嚴，就像佘太君一樣，特別有威嚴。

　　王大司馬在湓城駐守的時候，手底下有三千士兵，他已經四十多歲了。「少不如意」，意思是如果有一點不合規矩、不合乎禮、不合乎道德，人文、人倫做得不到位，「猶捶撻之」，母親就拿拐杖打他。王僧辯都四十多了，老夫人也得六、七十，那還得拿拐杖打呢。

　　「故能成其勳業」，正是在母親嚴厲的管教下，王大司馬才能建功立業，母親隨時管教他、督導他。是長大以後才督導管教的嗎？不是吧。這就是中國人講的家風、家教，

不是說三歲以後就不管了，這是舉了一個家教比較森嚴的例子。

　　其實古人尤其是那些官宦之家或者書香門第，家規、家教都很嚴格，不是說孩子三歲以後、七歲以後就放鬆下來了。當然我們講的是既嚴又慈，嚴父慈母，父親有嚴的一面，也有慈的一面，這是中國的家風、家訓。

　　對做人的要求一直都很嚴，不管你多大歲數，禮節、規矩方面的要求都特別嚴格，但在情感方面又特別慈愛，特別關照，特別愛護，這就是中國人。

　　後面又舉了一個例子，「梁元帝時，有一學士，**聰敏有才，為父所寵，失於教義。**」梁元帝時期，南北朝後梁，有一個學士特別聰明有才，「為父所寵」，父親從小對他很寵愛，「失於教義」，沒有嚴加管教。

　　「一言之是，**遍於行路，終年譽之。**」哪怕兒子只是說對一句話，「遍於行路」，當爹的四處宣揚，路上不認識的人，也要拉過來說說。

　　「來來來，你過來，我跟你說件事。」「什麼事？我不認識你。」「你看我兒子多聰明，你看他昨天晚上作的這首

詩，我念給你聽……」「終年譽之」，兒子做了一件讓他得意的事，能反覆不斷的跟所有人講一年，這就是他爸。

「一行之非，掩藏文飾，冀其自改。」如果兒子做錯了什麼事，父親不但不管教、鞭撻，還百般為他遮掩粉飾。「冀其自改」，意思是在心裡告訴他悄悄改掉，可別讓人知道，這就是父親的包容、縱容。

「年登婚宦」，長大成人以後，「宦」指開始工作了，成家了開始工作以後，這個孩子變成什麼樣了？「暴慢日滋」，兇暴、驕慢、任性、任意妄為。因為父親從小不管教孩子，放縱他，一切都順著他，他做了什麼壞事，還幫他遮掩、掩蓋，也不讓他痛改前非，結果孩子長大以後就變成這樣了。

「竟以言語不擇，為周逖抽腸釁鼓云」，這是一個典故。因為他傲慢，他無所顧忌，他不怕犯錯誤。從小父親就包庇他，他要表現，任意妄為，長大以後能改過來了嗎？參加工作以後，尤其到主管面前能改過來嗎？不能吧。慣性已經形成了，習性形成了，從小跟父親就沒大沒小，口不擇言，想說什麼就說什麼。

等他參加工作跟主管就能改過來嗎？說話就注意了嗎？謹小慎微、戰戰兢兢，可能嗎？不可能。他跟主管也是這樣，結果主管才不理他呢。「言語不擇」，口不擇言、任意妄為，結果被殺了，腸子抽出來，用他的血塗抹戰鼓，用他祭鼓了。這不就是縱子如殺子嗎？

　　歷史上有太多這樣的例子，比如三國演義中的楊修之死。楊修聰明是真聰明，但小的時候沒有家教、不懂規矩，總是愛表現自己所謂的小聰明。這不也是口不擇言嗎？結果把曹操惹怒了，被曹操殺了。

　　什麼叫家教？為什麼要學家教、家訓？僅僅是禮節嗎？其實更重要的是規矩。什麼是規矩？灑掃、進退、應對，規矩在這裡。你的舉止言行得得體、到位，既要到位又要得體，不能過頭。這要從三歲開始練，見什麼人說什麼話，在什麼場合說什麼話，不可以過頭，也不可以不得體。這都是從小練出來的，要掌握好度。

　　「老師，我們怎麼掌握這個尺度？我怎麼知道什麼話該說，什麼話不該說呢？」從三歲開始，你的父母就得教你了，在什麼時候不能說過頭的話、當著長輩的面應該怎麼

說、長輩說話的時候你不要說話、什麼時候該你發言……等等。結果現在飯桌上，經常是老一輩還沒怎麼說話，小輩、孫子輩就開始發表言論了，你說他他還不聽。這樣到了工作崗位之後，上級主管往這兒一坐，你一個小職員誇誇其談，想表現自己，不是找死嗎？

我們為什麼一定要講家規、家訓？為什麼？不都是想為我們的孩子好嗎？孩子到社會上怎麼才能有所造就，怎麼才能一帆風順，怎麼才能有貴人相助？我們講的不都是這個嗎？

孩子如果從小就有家規的訓練，到社會上也一定討人喜歡，因為他做事、灑掃、進退、應對都非常得體。貴人看著不喜歡嗎？主管看到得體的孩子一定會非常喜歡，如果再有能力，提拔的機會就會很多，哪有那麼多磨難？我們想一想，是不是很多人在社會上遇到磨難，都是因為細節沒有做到位，比如說話說過了，不該說的時候他說了，或者是該說的不說，得罪了人，對不對？

言行舉止，哪怕只是跟主管在一起走路，你走得快，走到主管前頭去了，主管都有可能恨你，給你穿小鞋。再比如

上車你不知道應該誰先上，不知道主管坐哪個位置，你坐哪個位置，這都有可能得罪人。

書中寫的是極端情況，但是類似的人在歷史上太多太多，現在我們身邊這樣的人也比比皆是。這樣的人其實就是從小沒人教，沒人督導，真不會。

我們做父母的，真的要學家教、家訓，這對我們來講，真是實用的東西。教育孩子是我們最大的事業，別把心全然放在所謂的工作上。作為一個男人來講，最大的事業不是工作，就算是當市長、議員、立委，那又怎麼樣？那是你的前半生，你的光輝業績，而孩子代表你的後半生。你說前半生重要還是後半生重要？哪一個是男人最大的事業？

等到五十歲以後你就會知道，孩子才真的是我們最大的事業。做父母的，尤其做爸爸的，把心多往孩子身上放一放。但是爸爸要想帶好孩子是需要學習的，這是有一套理論同時有一套技能的，你得掌握。

這套東西可不比你做事業、學技能那麼簡單，不簡單。這套技能，只要是為人父母的都應該掌握，都必須掌握，這是一門學問。不是孩子生出來你就完成任務了，把孩子養

大、身體健康你就完成任務了，不是那麼回事。這一套學問我們真的應該下決心好好學，尤其是對現在還沒結婚的，或者剛結婚準備要孩子還沒孩子的人，你該好好讀一讀，好好學一學。真正生好孩子、養好孩子、教好孩子，當成一生的學問，你自己會受益無窮，你的後半生會非常幸福。

第三節
嚴不可以狎，愛不可以簡

「父子之嚴，不可以狎；骨肉之愛，不可以簡。簡則慈孝不接，狎則怠慢生焉。」

顏之推告訴我們，父親跟孩子在一起的過程中，應該是一種什麼樣的狀態。「父子之嚴」，作為父親威嚴時時存在，「不可以狎」，「狎」是嬉戲、打鬧、不莊重的意思。好多父親其實不知道怎麼和孩子相處，他覺得嬉戲打鬧，甚至有的時候相互諷刺就是親近，不是的。

現在做父母的和孩子相處時，尤其是爸爸和孩子相處非常不注重這方面，經常沒大沒小的。爸爸沒有爸爸該有的莊嚴、莊重，孩子跟爸爸和長輩在一起的時候，也沒有小輩該有的樣子，嬉戲打鬧、互相挖苦、互相諷刺。甚至孩子對爸爸、爺爺、奶奶、其他長輩任性指責，這是不可以的，不莊重是不可以的。當然，這並不是說父子在一起時，爸爸就得板著臉、特別威嚴、不苟言笑，也不是那樣。

父子之間，父親對孩子慈愛是慈愛，但是不可以嬉戲、打鬧、沒大沒小，當成平輩或者當成朋友是絕對不可以的。「父子之嚴，不可以狎」，莊重必須有，威嚴必須在。古人特別重視這方面，不僅在言行舉止方面，父親要時時刻刻給孩子做榜樣，從衣著、穿戴、玩樂方面，也要給孩子做好榜樣。

　　父親和朋友在一起的時候，可能會喝酒，可能會輕鬆輕鬆，也許打打鬧鬧，說話不太注意，這個時候不要讓孩子在身邊。父親的威嚴是怎麼樣體現出來？其實都是在平時。父子之間要有界限，並不是父親和孩子親密無間，一切都親近、不莊重，這是不可以的，現在的父母一定要注意這一點。

　　「骨肉之愛，不可以簡」。親人之間這種愛，不可以簡。「簡」什麼？在禮儀、規矩方面是不可以簡化的，是不可以因為愛而沒有規矩的。不能因為爸爸、媽媽特別愛孩子，孩子就可以簡慢、不拘禮節。

　　「簡則慈孝不接，狎則怠慢生焉」。不孝、沒有規矩，是從哪裡破的呢？一是「簡」，一是「狎」，從這上面把規

矩破掉了，基本的禮節不遵守了，這是不可以的。「簡」直接與「慈」、「孝」聯繫到一起，「狎」和怠慢、任性聯繫到一起。做父母的，尤其爸爸，跟孩子在一起的時候，再疼愛他，規矩都不能少。早晨該問候的要問候，孩子該灑掃庭除的就灑掃庭除。再愛他，吃了飯也得讓他自己去洗碗，自己的房間自己收拾，這都是不可以簡的。不能因為愛而驕縱、驕溺、寵溺孩子，這是不可以的。

而現在的父母，為了讓孩子學習好，一分鐘都不敢耽誤，每一分鐘都得用在學習上。家務從來不讓孩子伸手，醬油瓶倒了都不需要孩子扶，孩子只要把學習學好就行了，這是絕對不可以的。

現在的孩子，不要說規矩簡化，連立都沒有立過。見人不打招呼，見了長輩一點禮節都沒有，很多人到了公共場合、進入團體之後，不知道怎麼跟大家相處，沒有任何禮貌，沒有任何規矩。這樣的孩子到了社會上，手足無措，不知道應該怎麼跟別人講話，想跟別人處好也不知道應該怎麼相處，在團體裡讓人反感、討厭。為什麼？因為在家裡從來沒進行過這方面的訓練，也沒有這方面的要求，最基本的規

矩、禮節都不具備。

　　要注意，當我們樹立了規矩，讓孩子養成禮貌禮節之後，不要再打破。

　　一般從哪個角度能夠打破孩子樹立起來的規矩？一個是「簡」：我這麼愛你，你就不需要做這些事了，早上也不需要跟我打招呼了，我們見面抱一下，愛已經在不言中了，這是不可以的；另一個是「狎」：父子之間嬉戲打鬧、沒大沒小，你搞我兩句，我整你兩句，也是不可以的。只有「簡」和「狎」這兩項，才會把已經樹立的規矩破壞掉。

　　孩子長大以後到了社會上，見到長輩、主管、老闆、老師，同樣會沒大沒小沒規矩，他會覺得我們關係已經這麼好了，沒必要搞那些繁複之禮，禮節、禮儀這些東西太見外，孩子就會有這種感覺。這種感覺來了，怠慢就會生出來。有的人就大大咧咧的，什麼都無所謂、不在乎，見多大主管都跟主管勾肩搭背，都不懂，其實這樣的人會讓人非常反感，但他自己卻意識不到。

　　顏之推後面又告訴我們：「由命士以上，父子異宮，此不狎之道也」。

什麼是「命士」？在朝廷上有爵命之士，有勳爵、有位置、有身分的人。「父子異宮，此不狎之道也」，真正有點身分的人，父子不會住在同一個房間，也就是不會在一張床上。為什麼一定要分開住？其實是防止父子之間過分親昵，所以「命士以上，父子異宮」，不要過於親昵。母子呢？其實也是一樣，不僅僅是父子之間，母子也是一樣，子女跟媽媽也一樣不能過於親昵，過於親昵沒有什麼好處。

　　「父子異宮」，從什麼時候孩子就要跟父母分開住？從育兒學的角度來講，從孩子生長發育的階段來看，在兩歲半到三歲左右，孩子和父母就得分開居住了。有條件的家庭，分房來住，父母在一個房間，子女自己在一個房間，這叫分房而居。三歲就得分房而居，這是有科學道理的。

　　古人有身分、有地位的能做到這一點，「父子異宮」，不讓父子之間、母子之間過分親昵。過分親昵會怎麼樣呢？對孩子長大以後的情感、生活或者工作到底有什麼影響呢？如果這一點做不好，其實影響是非常非常大的，甚至會影響孩子的一生。

　　三歲左右的孩子就開始有獨立意識、自我意識了，這

個時候的孩子就要和父母保持一定距離了。從孩子的心理來講，他是希望和父母在一起的，尤其睡覺的時候，有父母在身邊愛護著自己、呵護著自己、保護著自己，他會感覺非常溫暖而且開心。

但是從孩子自我意識發展的角度，從孩子的成長本身來講，三歲的孩子就得和父母分床、分房。如果這個時候還過於親昵，還不做有效分離，就容易在孩子心中形成對父母的過分依賴。女孩子容易對父親過分依賴，稱為戀父情結。男孩子容易對母親過度依賴，稱為戀母情結。

隨著孩子逐漸長大，如果五歲、七歲、八歲、十歲還跟父母同床睡，還是這樣過分親密，就很容易形成戀父、戀母情結，一旦形成，會影響孩子的一生，尤其影響孩子的情感。戀父、戀母情結嚴重的孩子，長大成人以後找的對象，都是按照父親或者母親的樣子找來的，很多情感的不順或者家庭的不幸，其實都源自於此。

一個男孩子如果有嚴重的戀母情結，他心中是離不開母親的。但是他長大以後又必須得離開，他得出去上大學，得去工作，必須得離開。心裡斷不了跟母親的連結，但又必

須得離開。怎麼辦？他離開家之後見到了某個女孩，很容易一見鍾情，感情一下就全部投入進去。為什麼？因為他在這個女孩的身上，見到了自己媽媽的影子，他一下子就被吸引了，莫名被吸引。

哪怕現實中她的條件、長相、才華、家庭等各方面都與自己嚴重不匹配，但是從某一點上，在這個女孩身上看到了自己媽媽的影子，立馬一見鍾情、奮不顧身、不顧一切地要娶這個女孩，跟她在一起。這是在內心深處，自己的意識是不知道的，他覺得自己找到了愛情，其實不是，這只是戀母情結的表現。

這是一種變態式的情感，他在找媽媽，他找的並不是心中的真愛，他並不是在找適合自己的另一半，而是在找媽媽。結婚以後感情生活也能很不錯，但一旦有了孩子以後，倆人的感情突然之間就會淡化、破裂。為什麼？好像這個男孩一下醒了，忽然之間對自己的老婆一點感覺都沒有了，因為兩人畢竟不是男女之間相互吸引的正常的情愛，而是戀母情結的延伸。

一旦老婆懷孕生了孩子，就變成了現實中的母親，一

下就會引發男孩兒心中的恐懼，人類的底層恐懼——亂倫恐懼。他在內心深處是按照媽媽找的老婆，當女人真正變成了母親，一下就會勾起他內心當中的恐懼，立馬就沒有情愛了，沒有感覺了。

現實中很多夫妻都是這樣，一旦老婆懷孕了、生孩子了，馬上就沒有夫妻生活了，就冷淡了。但是說要他離婚，他不離。為什麼？因為這是媽媽。可是兩個人的情和愛已經不存在了，於是離家不離婚，然後在外頭又去找自己心中的女孩。家裡已經有了媽媽，但是心裡還是本能得去找自己的另一半，家裡紅旗不倒，外面彩旗飄飄，中國現在很多這樣的人，這是一種社會現象。

近一百來年，中國人根本不知道怎麼育兒，父母在和子女的相處過程中，根本沒有什麼科學性，一意孤行，都是「我以為」、「我覺得」對孩子好、對孩子愛。什麼是好，什麼是愛，沒有一個科學的定義。

而我們老祖宗的這套教養體系，已經實行了幾千年，培養了一批又一批的精英，非常好，但是近百年基本上已經被中國人全部拋棄了。一味跟西方學，西方也沒有一套成型的

科學育兒體系，亂聽、亂學，自己瞎搞，結果導致出現大量的社會問題。

中國的離婚率為什麼那麼高，超過 50%，這也太不穩定了。社會穩定的基礎是什麼？是每個家庭的穩定。超過 50%的離婚率，社會談何穩定？大家的心都是浮躁的，都是恐懼的，沒結婚的時候想結婚，結婚以後怕離婚，越怕越離婚，這已經是一個社會的現象了。

為什麼會形成這種現象？怎麼能解決這個問題？結婚和離婚不都是自願、自由的嗎？古人不自由嗎？古人的離婚率為什麼那麼低？基本聽不到幾家離婚的，為什麼現在變成這樣？這不是道德規範的問題，現在幾乎所有人都把結婚、離婚、外遇當成一個道德問題，其實不是那麼回事，這是一個社會問題。

從我研究心理學也好，研究經典也好，研究腦神經科學也好，越研究越發現它不是道德問題，而是社會問題。其實從本質來講，是一個育兒學的問題。成人以後的婚姻關係，其實是我們童年和父母關係的一種投射，所有的關係都是和父母的關係向外延伸而來的。

《顏氏家訓》中簡單的一句話，其實非常有道理，這不是顏之推自己創造出來的，他是總結了夏、商、周一直到南北朝時期，幾千年的家教家訓、育兒方面成體系的東西，總結之後摘選、節選，形成了《顏氏家訓》，得以流傳千古。《顏氏家訓》中，基本上每一句話都是語錄，育兒學的寶典都在這裡。

　　「父子之嚴，不可以狎；骨肉之愛，不可以簡。」這一句語錄，裡面蘊含著很深的科學道理。「由命士以上，父子異宮，此不狎之道也。」父子分開居住，這一句話我們就知道它的重要性，對孩子長大以後的影響。

　　「老師，人家是富貴人家或者有身分、有地位的人，房子多，孩子能夠分房而居住，我們家沒那麼大地方怎麼辦？」

　　做不到分房，至少要做到分床。首先你必須得有這個意識，孩子三歲以後就不能跟父母太親近，尤其是異性，媽媽跟兒子之間、爸爸和女兒之間，不能過於親近。三歲以後如果女兒在家，爸爸要注意衣著舉止，注意跟女兒之間的動作，得把女兒當成小大人，保持距離，不能過於親昵。媽媽

和兒子之間也是，不能在家裡穿著大褲衩、大背心，袒胸露乳的在家裡逛。「無所謂，自己孩子怕什麼？」千萬不能這樣。否則，對孩子的界限感，對孩子的影響是巨大的，一定要注意。這跟你家房子大小沒有關係，這是一種觀念，做父母的要有意識。

　　我沒有條件分房，但是我可以分床。孩子三歲了，給孩子一張小床，要反覆告訴孩子：「這是你的地方，這是你自己的空間。」搞個小蚊帳，蚊帳裡面是你的空間，你要把自己的空間收拾得乾乾淨淨、整整齊齊。

　　你自己維護你的空間，你在這個空間裡面的活動，父母是不會打擾的，讓孩子有一個空間意識。三歲以後的孩子，就得建立空間意識了，這也是一種獨立意識，要培養了，這在育兒教育裡面是非常重要的。

　　「抑搔癢痛，懸衾篋枕，此不簡之教也。」小輩為長輩服務，「抑搔癢痛」，兒子給爸爸撓撓後背，哪兒不舒服，揉一揉、捶一捶，這是小輩對長輩盡孝，子對父盡孝。「懸衾篋枕」，早上醒來以後，小輩要給長輩把被子捆好，懸掛起來，把枕頭放到箱子裡。「此不簡之教也」，孩子要做

的，必須讓他做，不能因為愛他就不做這些，灑掃庭除是孩子要做的事，而不是大人做的。

現在我們都搞反了，家裡收拾衛生，哪怕收拾孩子的房間，都是媽媽的事情，工作再忙都是媽媽來收拾。孩子理都不理、管都不管，從來不動掃帚，從來不動抹布，就只是學習，「別耽誤我學習！」孩子理直氣壯。

媽媽也不讓他幹，孩子想幹點活都不行，「你把學習學好就行了，所有的活都媽媽幹。」從來不讓孩子下廚房，碰都不許碰。

你想想，從小不讓孩子做這些，長大之後嫁人了，自己成立家庭了，什麼都不會做。等到懷孕了，有孩子了，又把媽媽調過來，還是媽媽做，自己一手不做，那是不可以的。男孩也是一樣的，灑掃進退應對、灑掃庭除，這些基本的事必須得做。

如果不這麼要求，那就是父母的問題。他在家裡不做，到社會上就會做了嗎？在家裡不做，到社會上也不會做。他就是想做，也不知道該從何做起，應該做什麼都不知道，這就是悲哀。長大以後夫妻關係不好了，人家跟他離婚了才

想起來，當媽的從小就不訓練自己，那個時候該恨了、該怨了。

　　書中這一段講的是父母慈愛要有，但是禮節、規矩不可以簡，父子之間不可以嬉戲、沒大沒小。

第四節
聖人為什麼不親自教子

「或問曰：『陳亢喜聞君子之遠其子，何謂也？』」陳亢是什麼人？是孔子的弟子，陳亢這個人在歷史上是有記載的。七十二賢人如果排名次，陳亢排第六十八位。十八歲入孔門學習儒學，比孔子小四十歲。「陳亢喜聞君子之遠其子」，他聽說孔子和自己的孩子保持一定的距離，他很開心、很高興。「何謂也」，為什麼呢？拿孔聖人說話，孔聖人的親子關係是怎麼樣的，他跟兒子是什麼樣的。

「對曰：有是也。蓋君子之不親教其子也。」對的，是這樣的，聖人都不親自教自己的孩子，更不要說嬉戲、打鬧、玩耍了。孔子一生只有一個兒子，叫孔鯉，孔子在孔鯉長大的過程中，基本上沒教過這個孩子。

孔聖人三千門徒，走到哪裡都親自教授門徒、弟子，三千門徒當中七十二賢人，有成就者更是很多，但是他就是不教他兒子。歷史記載中，從《論語》、《孔子家語》這些

相關資料來看，孔子教他兒子有數的也就是兩次。

有一次，孔子在庭院裡站著，很威嚴。孔鯉十來歲，淘氣，跑進了庭院，看見父親一下就愣住了，嚇得夠嗆。孔子看兒子跑過來了，並不像現在的父母看見孩子，抱一抱、摸一摸孩子，而是馬上問了一句：「學《詩經》了沒有？」孔鯉說：「沒有。」孔子非常嚴肅地說：「不學《詩》，無以言。」不學《詩經》，長大了話都不會說，訓斥一頓，孔鯉趕快跑回去讀《詩經》、背《詩經》了。

孔鯉去世得早，他的兒子子思天資聰穎，孔子儒學最終能成體系，子思做了巨大貢獻，然而子思也不是孔子親自教的。當然，孔子那個時候歲數已經很大了，他的孫子子思出生的時候，孔子已經快七十歲了，子思是曾子親自教授的。

聖人為什麼不親自教自己的子孫？其實這也是規矩，爸爸或者媽媽親自教孩子確實有問題。教孩子還得請老師來教，自古以來就是這樣，爸爸學問再大，一般也不會親自教，都是請老師來教。教別人的孩子，他學得好也好，學得不好也好，你自己不會動心，都能教。再笨，教得慢一點，也不動心。

但是教不了自己的孩子，如果孩子學不好，恨不得上去給他一巴掌，連打帶罵的，「你怎麼笨成這樣？你是我生的嗎？」現在家家都是這樣，父母親自帶孩子寫作業、教孩子學習的，氣得不行。對別的孩子可有耐心了，對自己的孩子真是一點耐心沒有。不寫作業的時候父慈子孝，然而只要在一起學習，那就是雞飛狗跳。

　　為什麼這樣？關心則亂。因為是自己的孩子，期望值也高，希望自己的孩子是人中之龍鳳，希望自己的孩子聰明伶俐、理解力強。期待太高了，一個不會，一個理解不了，就開始怨恨。

　　但如果你只是一個老師，教別人的孩子，你就不會有這種期望。他聰明不聰明、笨不笨，跟我有啥關係？這只是我的職業。更何況老師對孩子的教誨孩子也聽，當一回事。

　　跟父母在一起，孩子總是有一種被寵愛的感覺，不會太認真。孩子當然知道爸爸愛自己，知道媽媽疼自己，他就不好好的，這都是很正常的人性。父母把他的生活照顧好，把家規、家教做好，後面要學習的時候，還是要保持距離。該請老師就請老師，請老師教自己的孩子，在孩子教育方面，

這也是非常重要的，不能省這個錢。覺得我會音樂，我就自己教孩子音樂，自己教跟老師教那是不一樣的。

「老師，父母會音樂的，孩子耳濡目染，長大以後自然音樂天賦就高，自然就會了，不都是父母教的嗎？」不是那麼回事，專業的東西不是父母教的。比如我擅長音樂，吉他彈得特別好，時時都在彈，特別優美動聽，孩子從小在這種氛圍裡薰陶著，他就會喜歡，這是父母對孩子潛移默化的影響。

但是如果孩子想學專業的吉他，那父母不要親自教，得找老師來教。父子之間先天的親密關係，就是再保持距離也還是不行，因為父親除了嚴之外還有慈，對孩子的愛，對孩子的及時關注，不親近是不可能的。雖然有威嚴，但還是以親近為主，在這種狀態下就不要親自教孩子。

為什麼父親不直接教孩子，還有另外一個原因。「《詩》有諷刺之辭」，《詩經》裡有諷刺的言辭。「《禮》有嫌疑之誡，《書》有悖亂之事，《春秋》有邪僻之譏，《易》有備物之象。」《詩經》、《周禮》、《尚書》、《春秋》、《易經》這些經典中，都有一些不是完全

正大光明的內容，有一些謀略、心機，諷刺之辭、嫌疑之節、悖亂之事，不好的事。父子之間不可以談論這些，但是老師可以講解給孩子聽，從客觀的事情發展的狀態去講解。

　　如果放到父子之間，就會涉及孩子怎麼看父親，父親在孩子心中的形象。如果父親教孩子三國，教得或許很精彩，但孩子可能有一種感覺：「爸爸怎麼陰謀詭計這麼多，這麼能算計，套路這麼深？」父親在孩子心目中的形象就會受損。

　　但老師就不一樣了，老師可以教孩子，孩子對老師也不會產生這種感覺，即使產生了也沒啥，因為老師就是教這個的。而父親的人格品質、道德行為是孩子的標準，你給孩子講這些悖亂之事，怎麼講？

　　周文王、周武王弒君，怎麼講？有很多理，父子之間反而不好講，只可意會不可言傳，父親得保持道德的制高點，在孩子心中，保持「我的父親是至高無上的」。但我們在現實中要做事的時候，又有很多所謂的陰謀詭計、算計、策略、套路、陰險、狠毒，這些東西能讓孩子看見嗎？能讓孩子知道嗎？一旦孩子心裡對父母在這方面產生了質疑，之後

怎麼相處？這是一輩子的事，老師大不了跟著學幾年，我不認識你了，是什麼人就是什麼人，但父母不一樣。

父親不要親自教孩子。什麼可以教？技藝性、技術性的東西是可以教的，比如教孩子開車、教孩子做飯、教孩子做一門手工藝，這是沒有關係的。但涉及思想、品質、哲理方面的，盡量找老師來教。

《詩》、《禮》、《書》、《春秋》、《易》，不適合父親親自傳授，「皆非父子之可通言，故不親授耳」。怎麼做人、怎麼做事，因為涉及到陰陽兩面，你跟孩子只能是光明那面，陰暗的那面不可能由父親直接給孩子講出來，這一點要注意。

第五節
縱子如殺子──怎麼做才真對孩子好

在這裡，顏之推又給我們舉了幾個例子，前面講的是一些經典語錄，也就是理。

「齊武成帝子琅邪王」，琅邪王是什麼人？齊武成帝是北齊的皇帝高湛，北齊離顏之推所處的年代很近，琅邪王則是武成帝高湛的第三個兒子高儼。「太子母弟也，生而聰慧」，琅邪王是太子高緯同母所生的親弟弟，同父同母。

「生而聰慧，帝及後並篤愛之，衣服飲食，與東宮相準。」這個孩子天性聰慧、聰明伶俐，武成帝和明皇后都非常喜歡他，因為喜歡，所以他的吃穿用度和太子是一模一樣的，所以叫「與東宮相準」。

這一句話就是問題了，按規矩東宮是太子，太子今後是要接聖位的，身分是最尊貴的。從孝和悌的角度，弟弟一定要居其後，飲食也好、衣服也好、出行時候的儀仗也好，都要與太子有所區別，這才符合禮儀、禮節，才符合規矩。但

是因為武成帝和皇后特別喜歡這個小兒子，所以就打破了規矩，讓他們哥倆一切都是一樣的。

相當於武成帝和明皇后從小就沒給這個孩子立下等級、秩序的規矩，因為寵愛這個孩子，孝和悌沒有執行到位，讓這個孩子任意破規矩，甚至鼓勵他破規矩，給孩子日後的死留下了禍根。

這就是我們常說的那句話：「慣子如殺子。」琅邪王是不是也挺可憐？父母之過，卻給長大後的自己引來殺身之禍。我們做父母的一定要注意這一點，不能因為疼愛孩子就讓孩子沒有規矩、沒有基本禮儀、沒有孝悌，那是害孩子。

「帝每面稱之曰：『此黠兒也，當有所成。』」「黠」，狡黠、聰慧，這小子可聰明了。當爹的看著兒子，誇孩子：「這小子可聰明了，這小子腦子好，長大以後肯定能有所成就。」過度寵愛，過度嬌慣、驕縱。

「及太子即位，王居別宮，禮數優僭，不與諸王等。」太子繼位當上皇帝之後，琅邪王另居別宮。他到哪裡住了？應該在北宮居住。太子居東宮，琅邪王遷到北宮自己居住，結果他的待遇還「優僭」。「僭」是僭越，給他的待遇已經

超過了一個王侯所應該享有的規格。「不與諸王等」，比其他的兄弟姐妹強得多，這都為以後留下了禍根。

這麼優待，已經很過分了，「太后猶謂不足，常以為言」，太后還覺得給這個孩子的不夠，還覺得這個孩子應該享受更高的待遇，想把一切好東西都給這個孩子。「常以為言」，經常嘮叨著為這個孩子爭取，太喜歡這個孩子了。

我們家裡有沒有這樣的老人？有沒有這樣的父母？有沒有這樣的爺爺、奶奶、外公、外婆？對小一輩的愛已經是完全沒有規矩、沒有禮數的愛了，這種情況在現在的家庭裡，是不是比比皆是？

「年十許歲，驕恣無節，器服玩好，必擬乘輿。」琅邪王十幾歲的時候，就已經變得驕縱放肆，吃穿用度一定得和皇上哥哥一模一樣。「乘輿」，皇上坐的車子。「器」，把玩的東西。器具、服裝、好玩的東西都得跟皇帝哥哥一樣，已經被老人寵得驕慢無禮、放肆，毫無節制。

「嘗朝南殿，見典御進新冰，鉤盾獻早李，還索不得，遂大怒。」有一次，他到南殿進見皇帝哥哥，正好碰到典御官和鉤盾令，把剛剛從地窖裡面取出來的冰塊以及早熟的李

子進獻給皇帝，他一看見就趕快去要，「還所不得」，沒要著，人家可能說少了，或者皇上還不夠呢，沒給他。「遂大怒」，發大脾氣了。

「詬曰：『至尊已有，我何意無？』」在那兒大罵，皇帝有的，我為什麼沒有？竟然說出這種僭越之話，完全沒有君臣有別的意識，這都是給以後留禍根的。「不知分齊，率皆如此。」「分齊」就是分寸，完全沒有分寸。「率皆如此」，每每都是這樣，不只一次。

「識者多有叔段、州吁之譏。」叔段，即共叔段，是春秋時期鄭國的公子，鄭武公的兒子，姓姬，名段。為什麼拿他做比琅邪王？情景有點類似。共叔段是鄭莊公的同母弟弟，受封於現在河南榮陽一帶，因為那一帶在當時屬於京翼地區，首都附近，所以也稱他為京叔段。

共叔段從小就受到母親武姜的特殊愛護，母親最喜歡他，喜歡到希望這個小兒子來做鄭國的國君，不讓大兒子做了。後來武姜和共叔段母子合謀造反，要殺了大兒子，也就是共叔段的哥哥鄭莊公，大逆不道，結果失敗了。這裡拿共叔段來比喻琅邪王，就是說琅邪王早晚有一天得回過頭來殺

他的哥哥。

州吁的情況與共叔段類似。他是春秋時期魏國第十四任國君，本來是魏莊公的庶子，魏桓公的弟弟，他把哥哥殺了才當上了的國君。因為他篡權弑君，後面又被自己的大臣所殺。

「識者多有叔段、州吁之譏」，大家都看得明白，這個琅邪王搞不好有一天會殺了兄長，然後自己來做國君。

我們來看後面的發展，他做了什麼事。「**後嫌宰相，遂矯詔斬之，又懼有救，乃勒麾下軍士，防守殿門；既無反心，受勞而罷，後竟坐此幽薨。**」他嫌棄當朝宰相和士開，跟他不對盤，討厭他，但他並不是向皇上哥哥進諫，找一個藉口殺他，而是自己下手了。

「矯詔斬之」，假傳聖旨要殺他，又怕有人救他，就讓自己的手下把皇城圍住了，怕哥哥知道他假傳聖旨殺宰相，怕他哥哥出來救宰相，就把宮門圍住了。

其實他並沒有造反的心，「既無反心，受勞而罷」，他沒有要殺了哥哥做皇上的心，安撫安撫也就撤軍了。但是因為這件事，他哥哥把他抓了起來，說他謀反，判他弑君之

罪，把他祕密處死了，「後竟坐此幽斃」。

　　顏之推舉了這麼一個例子，說明慣子如殺子，再愛孩子，也千萬千萬要讓他懂規矩、不僭越，不可驕縱，不可無禮。我們想想，世間這些所謂的災難落到自己頭上，都是有原因的，並不一定是真的做錯了什麼事。做錯了事情容易被諒解，但是沒有規矩、僭越了，不知禮數，如果把人傷了，是絕對不可以諒解的。

　　所以我們一定要清楚，怎麼做才是對自己的孩子好，我們講家訓就是要把這些道理給大家講清楚，有的時候管教得嚴格一點，對孩子真的會有非常大的好處。

　　千萬不要本末倒置，一天到晚就只知道讓他學習，取得好成績，拿到一個好文憑，但是在做人這方面不去教他。等他長大以後失敗、不成功，不一定是因為他沒有能力或者不聰明，而是因為不知道怎麼做人。

　　智商與情商相比，上學的時候可能智商的重要程度高於情商，但是成人以後，進入社會以後，必是情商的重要程度高於智商。把人做好比你會做事還重要，這就是家訓的意義所在。

第六節
談談嫡長子繼承制

「人之愛子，罕亦能均；自古及今，此弊多矣。」這句話的含義是說，做父母的愛自己的孩子「罕亦能均」，比如有兩個孩子、三個孩子，父母很難做到一視同仁，很難做到對長幼喜愛的程度很均衡，一般都有所偏愛，這也是人性。

有一句古話「皇帝愛長子，百姓寵么兒」，就是這個意思。皇家是嫡長子繼承制，所以對嫡長子寵愛有加，寄予更高的希望；普通百姓家一般都是喜歡老么，喜歡小兒子，「百姓寵么兒」。

顏之推告訴我們，人是這樣的，很難做到均衡，但是如果做父母的對子女不能均衡一點，「自古及今，此弊多矣」。有很多兄弟反目、家落敗亡，其實都出自於這裡，這種愛不能均衡。後面顏之推舉了幾個例子，父親對孩子的喜愛不均衡，最後給家裡帶來了禍端。

「賢俊者自可賞愛，頑魯者亦當矜憐。」這裡說得很

清楚，孩子裡面有聰明伶俐的，父母一定是喜歡得多一點；頑皮、愚笨的孩子，做父母的不可以輕視，反而要安慰、憐憫、關照得多一點才好。不要只是對孩子裡比較優秀的聰明才俊過多喜愛、過多關注、過多讚揚，對頑劣、愚笨的孩子瞧不起、打擊，這是不可以的。

「有偏寵者，雖欲以厚之，更所以禍之。」作為父母，如果偏愛孩子，對於最愛的那個孩子，好像對他照顧得很多，其實反而給他帶來禍患，所以得注意。

接下來是例子，「共叔之死，母實為之」。前面講的共叔段的死，是不是就是因為他母親一味寵愛，讓他沒有了禮數、規矩，後面不斷僭越、任意妄為，最終被自己的哥哥殺死了。共叔段之死其實跟他母親有直接關係，母親過於寵愛才讓兄弟反目，親兄弟相互殘殺。

「趙王之戮，父實使之」。趙王是誰？這裡說的是劉邦的第三個兒子劉如意，劉如意是劉邦和他最寵愛的妃子戚夫人生的。劉邦大兒子劉盈是劉邦和呂皇后所生，是太子。歷史上記載劉盈生性仁慈，而且非常軟弱，是特別善良的人。

漢高祖劉邦覺得他不像自己，沒有男子漢的英雄氣概，

不喜歡劉盈，總是想著要廢了他。劉邦喜歡戚夫人，同時也喜歡戚夫人給他生的孩子劉如意，總覺得如意像自己，戚夫人也看出了劉邦的想法。

戚夫人一生一直受劉邦寵幸，經常到劉邦這裡哭哭啼啼，就想讓劉邦把帝位傳給自己的兒子劉如意，把劉盈廢掉。反而呂皇后很難見到劉邦，也得不到劉邦的寵幸，關係非常僵化。

劉邦去世前，幾次想讓劉如意替換劉盈，結果大臣們堅決反對。很重要的一點，劉侯張良比較看好劉盈，而且大臣們覺得嫡長子繼承制，這是不能輕易廢除的，不能說皇帝喜歡弟弟劉如意，就把嫡長子廢除掉。更何況劉盈沒犯什麼錯誤，也沒有犯大過，不應該這樣，所以張良和群臣們就把劉盈太子的位置保住了。劉邦去世以後，劉盈繼位，呂后得勢，把戚夫人和劉如意都殺掉了。

顏之推講的是這段典故，「趙王之戮」，趙王如意的死，「父實使之」，其實是父親不明智。父親劉邦偏愛小兒子，讓大兒子有了仇恨，導致兄弟之間的殺戮。

後面又舉了一個例子，「劉表之傾宗覆族」。劉表是三

國時期的人物，守荊州的劉表，在當時也是一個英雄人物。劉表字景升，他有兩個兒子，大兒子叫劉琦，還有一個小兒子叫劉琮。劉表的情況跟漢高祖劉邦的情況有點相似，大兒子劉琦不受劉表待見，劉表喜歡小兒子。

後母蔡氏受劉表寵幸，對劉琦屢加迫害。後面劉琦沒辦法了，向諸葛亮問計，自己雖然居於長子位置，但隨時都有生命危險，父親不待見，後母總想加害，加害他以後，蔡氏自己的兒子劉琮就能繼承長子的位置。

諸葛亮就拿春秋、戰國時期晉獻公的故事對他講，你現在的狀態和當時晉國太子申生在宮廷裡的危險狀態是一樣的，住在外地反而安全。

諸葛亮就是用這個故事告訴劉琦，春秋、戰國時候的晉獻公是怎麼活下來的，後面怎麼得到了權利，其實就是遠離了政治中心、政治漩渦，反而安全了。劉琦受到諸葛亮的指點以後，就到了江夏，得到了江夏太守的位置，離開了權力中心。

劉表去世以後，劉琦和劉琮這兩個孩子發生了爭鬥，也是很慘烈的，到最後都被曹操所滅。曹操對劉表這兩個兒

子的評價就是豬狗不如，《三國演義》裡也提到曹操對他們的評價，兩個庸才，兄弟之間爭鬥，最後丟了荊州，被諸葛亮、劉備所乘，最後被曹操滅了。這就是劉表的傾宗覆族。

「袁紹之地裂兵亡，可為靈龜明鑒也」，後面又講了一個例子。顏之推在這裡講的幾個例子，都是英雄人物沒有處理好孩子之間的關係，父母尤其是父親對孩子有偏愛，讓孩子之間反目成仇，導致整個事業的敗亡。這裡講的是袁紹，袁紹也是三國時期的人，有三個兒子，袁譚、袁熙和袁尚。袁譚是袁紹的長子，也是英雄人物，但是袁紹不喜歡他的大兒子，他去世前一直寵幸第三個兒子袁尚。

袁紹去世以後，他的大臣審配等人修改了遺詔，擁立袁尚為繼承人，長子袁譚不能繼位，懷恨在心。後來袁譚和袁尚兩人矛盾徹底爆發，袁譚聯合曹操把弟弟袁尚直接打敗了。袁氏在袁紹之後地裂兵亡，袁紹所建立的事業，最後毀在自己兒子的手裡。這也是三國的一個故事，挺有意思的。

看中國的這些故事，以古喻今，歷史教訓不可以不學。家規中的嫡長子繼承制，是自古以來立下的規矩。為什麼這樣呢？現在的社會根本不講究什麼長子不長子，孩子都得平

均、民主，沒有說誰是大兒子就必須得繼承家業，現在沒有那些講究。

但是在古代，這些規矩立得非常明確。那它是不是糟粕？是不是僵化？是不是封建社會的殘餘？為什麼這樣立？你說它好還是不好？我們要知道從什麼時候開始有的嫡長子繼承制，夏、商、周就已經開始，尤其周的時候已經非常明確。

為什麼要立這麼一個規矩？事業有成的人一般孩子都比較多，你的江山、事業最後由哪一個孩子繼承，當下的做法是孩子裡誰有能力、誰德行好，也不管男孩女孩，只要是我的孩子、有能力、德行好，誰就來接父親的事業。但是古代可不是這樣的，古代一定是按照嫡長子繼承制來，父親的事業要大兒子掌管、傳承。

為什麼要這樣定，這裡面有幾個問題。由大兒子繼承父親的事業，從他出生就已經註定，這樣有幾個好處。

第一，這個孩子一出生就註定要接父親的班，從小他就得有擔當，從小就得按照繼承人來訓練他。他從一生下來，他的使命就是接父親的班、接父親的事業，不管你願意還是

不願意，從小就告訴你，你就是幹這個的，你後面也別想自己去創業，不接家族產業，沒有那個說法。

一出生就直接被告知，其實就不會有什麼反感或者抵觸。孩子長大以後，不一定非常喜歡父親的事業，不一定想繼承父親的事業，有很多孩子都想父親有錢，你給我一筆錢我自己創業，我做自己喜歡的事，你別強迫我。比如父親開工廠，我不一定願意開工廠，累個半死不活的，這都有可能。但是如果從你一生下來就告訴你必須得接父親的事業，不接不行，其實也就沒有其他想法了，這是第一個好處。

對於長子來講，接父親的事業，他的心就定下來了，也不彷徨了，也不用自己創業了，只要把父親的事業守好、做強、做大就可以了。而且從小受的訓練就是怎麼當老闆，怎麼接父親的事業，他就受這方面的訓練。

第二，長兄位置已經確定了，他就不會害自己的弟弟，兄弟之間的等級和秩序、順序非常明確，就不會發生像前面說的幾個例子，兄弟之間相互爭鬥。如果父親直接定好了，由嫡長子來接父親的事業，庶子或者小兒子、么兒們都去發展自己的事業，如果真的都定好了，兄弟之間就不可能互相

殘殺，就不會為了爭這一個位置而相互殘害。

如果沒有定好，比如有三個兒子，誰來接我的位置，誰來接我的事業，如果說有能力的、有德行的孩子就能接我的位置，不管老大、老二、老三，如果這個想法出來，讓大家都知道了，這三個孩子之間就得爭誰更有能力，誰更有德行，就得開始爭鬥，從小就開始爭，日後這就會給孩子們尤其兄弟之間的殘殺埋下禍根。

嫡長子繼承制是中華孝悌在管理方面的落實應用，是實際的規矩，保證了中華一代一代帝王或者家族的產業，能夠很好地傳遞下去、傳承下去，是一項非常非常重要的規矩。

從歷史上來看，打破這個規矩的，基本上後面都不太好。周的嫡長子繼承制實行了八百年，得經過多少代君王一代代往下傳，如果沒有一套很好的管理制度、傳承體系來保障，怎麼可能？後面這些朝代，漢、宋、唐，基本都是兩、三百年、三、四百年的歷史，也是好多代一代一代傳承下來的。怎麼能那麼穩定的傳承，其實就是這些制度在後面起了非常好的穩定作用。

這裡顏之推就是在告誡大家，父母對待孩子，不可以以

自身的好惡，喜歡哪一個孩子就寵愛哪一個孩子，就把一切都給哪一個孩子，因此而不遵祖制，這樣是不可以的。孩子之間產生爭鬥、互相殘害，父親再厲害，所創立的事業最後也都得毀在繼承人手裡。

這裡會有一個問題。「老師，如果長子又笨又蠢，德行又不好，能讓他接自己的班嗎？如果讓他接了，自己的事業不也得亡在長子身上嗎？小兒子又有德行又有能力，人品又好，我把事業交給他不是最好嗎？為什麼一定交給嫡長子？他不合格怎麼辦？」

合格與不合格是他個人的事情，和這套制度、規矩相比哪個更重要？事業的傳承不外乎兩個選擇，一是遵循古制，不管大兒子什麼樣，最後都把位置傳給他；第二種是機變，我的孩子誰有能力、誰有德行、誰努力，我就交給他。你更看重的是祖制規矩，還是更看重當下的情況，看重長遠還是看重眼前？

為什麼每一個朝代當皇帝想要罷免太子的時候，大臣們都堅決出來反對？其實不是說這些大臣們對太子多麼認可、認同，不一定，太子不一定適合做國君。但是哪怕他再不適

合，祖制不能變，大臣們冒死阻止換太子，是從這個角度考慮的。作為一個企業的傳承，尤其是家族企業，一個兒子不用說了，直接傳這個兒子。如果有兩個兒子，就存在這個問題，到底要不要傳給大兒子，這是一個很嚴重的問題。

如果定死了這個規矩，不管大兒子怎麼樣，我都傳給大兒子，這是遵循祖制，祖制之所以這麼定，一定有它的道理。我考慮的一定是長遠，我考慮的不是企業在一代人手中的興衰，而是多少代以後，我的企業是否能一直興旺。其實應該有一個權重，不能只看一代，只看這一個孩子的能力德行，看得要長遠。

如果從長遠來看，就不能打破祖制。哪怕大兒子再怎麼不好，我只能想辦法彌補，只能盡量多去輔助，但是不可以撤換他。遵循祖制要堅定，大不了企業在這個兒子身上的幾十年可能有危險，或者發展得不是很好，但是不能說一代一代的長子都是那麼差勁吧，也許下一代就很優秀。最關鍵的是這套體制、這套繼承人的機制規矩不能破，這是從長遠來看的。

當下破，當下即有紛爭，當下即有兄弟之間的殘殺，

就不要說以後了，不需要往遠處說了。這一點古人不是沒有想到，不是多麼僵化、多麼機械，而是現在的企業家不懂這裡面真實的帝王學奧祕，反而憑自己一意孤行，他看的就是當下，覺得老二或者老三有能力撐起這個公司，那就得扶持他，老大不行，就得讓他遠離，不重用他，不給他權利。

幾乎所有中國企業家都是這樣的，不好好研究管理學。管理學是什麼？管理學就是帝王學。作為一個企業家，企業做到一定規模以後，必須得研究帝王學，而帝王學就是管理學裡面最高的科學。

哪有？西方沒有，只有中華才有這一整套的帝王學，從怎麼用人到怎麼做事、怎麼傳承，只有中華才有。

什麼時候我們就有完整的帝王學了？夏、商、周時期，一整套完整的帝王學就已經成型了。這一套帝王學用了多長時間？周是八百年，漢是四百年，後面隋、唐、宋、明，每個朝代都好幾百年。為什麼中華一個朝代幾百年，就是這一整套的帝王學在發揮著作用，讓我們一個社會、一個國家既能形成強大的統一，又能夠一代代傳承延續，可不容易。想一想，每個朝代得經歷多少事，得經歷多少代，代代傳承，

能傳三、四百年，那可不簡單。尤其周朝傳承八百年，這是什麼概念？

為什麼現在企業基本都開不到能傳承的時候？即使能開到傳承階段，第一代創業者要傳給第二代，真正傳下去的也不多。有一個最大的問題，中國的家族企業在傳承方面基本都做不到位，都做不好，留下很大的禍患。

為什麼會這樣？其實中國自古以來就有一整套的傳承機制，怎麼做事業、怎麼發展事業、怎麼傳承，我們有一整套的東西。只是我們現在的眼光都看向西方，都向西方學，我們老祖宗的東西，自己反而不學。

在這裡顏之推舉了這麼多例子，其實這些例子我們都清楚，類似的例子在中國歷史上比比皆是。不要說中國歷史上，就是現今社會，我們在傳承問題上有多少狗血劇情，有多少兄弟相殘互相告上法庭。香港這些富豪一旦去世，基本上第一時間都是兄弟相殘，相互告多少年，都是分家產的問題，互相搞來搞去。

我的建議是我們的企業家們，尤其中大型企業，真的要好好研究中華這套典籍。所有這些規矩、帝王學的東西在典

籍裡都有，比如《韓非子》、《鬼谷子》、《孝經》，好好研究，這都是管理學，《孫子兵法》、《素書》，都是大智慧。真正要搞企業的大智慧，怎麼做人怎麼做事，一整套非常行之有效的帝王學，對中國的企業家來講是夢寐以求的，這些東西你在西方是學不著的。

聽聽我講的《孝經》裡面講的是什麼，不是對父母盡孝道那麼簡單，那是管理學。怎麼用人，人到底應該怎麼用，才能讓企業穩步發展，後面才不會有紛爭。這是真正的帝王學，管理用人最根本的就是一個「孝」、一個「悌」，怎麼把孝、悌融合起來應用在現實中，這一整套東西非常非常厲害。

把這一套做好了，在企業內部實行孝悌，「孝」是等級，有了等級才有了上下規矩，也就是禮，外行於禮，內有誠敬；「悌」是順序、秩序，有了秩序大家才不會亂。等級和秩序是企業在管理方面最重要的兩個方向。

家庭要想和睦，做父母的不能偏愛、偏心，按規矩辦，哪怕對大兒子再不喜歡，再怎麼樣，你也不能把所有的愛給到小兒子，不可以偏頗、偏愛。如果偏愛了，對小兒子其實

是不負責任的，會給小兒子帶來禍患。兄弟之間如果爭鬥起來，大的吃虧還是小的吃虧？大的畢竟比小的在社會上多混了幾年，甚至十幾年。

不管從哪一個角度來講都不能偏心，必須按照祖制和規矩來，這樣才能保證一個家族、一個家庭、一個企業有順序地傳承，才能穩定。

其實，家族的發展興旺、企業的興衰，都跟孝悌能否做到位有直接關係，等級、秩序必須得做好。家族也好，還是企業也好，不都是人來做的嗎？把人的等級、秩序都建立好了，人就規矩了；人規矩了，大家就不會亂想，相互之間不會猜忌、不會衝突，也不會矛盾、不會爭鬥，這才是家族和企業真正能夠迴圈有序的向下發展的基礎。

在這方面，我們應該好好學學日本的企業，日本企業的傳承很有序，企業內部的管理、用人制度這些方面都是按照孝悌、等級秩序來的，看似特別死板，但是非常有效，也特別穩定，這是非常非常重要的一方面。

第七節
「三不朽」才是教育的方向

　　最後一段，「齊朝有一士大夫，嘗謂吾曰：『我有一兒，年已十七，頗曉書疏。教其鮮卑語及彈琵琶，稍欲通解，以此伏事公卿，無不寵愛，亦要事也。』吾時俛而不答。異哉，此人之教子也！若由此業，自致卿相，亦不願汝曹為之。」

　　意思是齊朝有一個士大夫，當官的。齊朝指北齊，士大夫官不小。「嘗謂吾曰」，曾經對我說，「我有一兒，年已十七」，我有一個兒子，已經十七歲了。「頗曉書疏」，很會寫奏摺，文章寫得很好。「書疏」指的是文書這方面，文書、信函這方面很不錯。

　　「教其鮮卑語及彈琵琶」，這個孩子不僅文書寫得好，學鮮卑語學得也很快。為什麼要學鮮卑語？要知道，南北朝時期北方的鮮卑族是主體，漢人是被打壓、甚至被欺辱的，那個年代基本上把漢人殺得差不多了，所以大家都學鮮卑

語，相當於現在的官方語言。學了鮮卑語，跟鮮卑人打交道，才有可能做官。「及彈琵琶」，音樂也學得挺好。

「稍欲通解」，漸漸都掌握了，鮮卑語和彈琵琶漸漸都掌握了。「以此伏事公卿，無不寵愛，亦要事也」，憑藉寫文書、寫信函、講鮮卑語、彈琵琶這些特長來服侍三公九卿，一定會被寵愛的，這才是最要緊的事。

這是北齊的一個士大夫在對顏之推講他自己的孩子。這孩子在學怎麼服侍公卿，而不是學一些真功夫、真本領。為公卿服務，寫文書、信件，會起草行政文件檔，學溝通的語言，再學音樂，所學的都是為了服侍好三公九卿，他還以此沾沾自喜，覺得你看我的孩子學這些東西會讓三公九卿都喜歡，多好。

顏之推聽了之後，「吾時俛而不答」，「俛」是低下頭，顏之推聽了之後就不舒服，低著頭沒回答、沒應合他。「異哉，此人之教子也！」你怎麼能這麼教孩子，真奇怪。讓孩子學音樂、學文書、學鮮卑語，難道就是為了服侍三公九卿，給這些貴族做服務嗎？顏之推很不贊同，怎麼能這麼教孩子？

「若由此業，自致卿相，亦不願汝曹為之。」如果用這種方式教育兒子，只是教他們怎麼取悅別人，即使我的孩子用這種方法能做到卿相，做到宰相、三公九卿，我也不願意我的孩子去做。

顏之推最後舉了這麼一個例子，教子、教子，教的是什麼？應該把孩子往哪個方向引領？要孩子學習什麼東西？總是要學一些對社會有價值的、對眾生有意義的，要學一些真才實學。

孩子長大之後在社會上能取得多大成就、當多大官、發多大財，其實都是次要的。教子最關鍵的是他得會做人，得會做事，這是最基礎的，他走的就是正道。

教子是一門大學問，可不簡單，把孩子向哪一個方向去教育，和父親的知見、父親的格局以及父親的願望其實都有直接關係，顏之推和北齊的士大夫教子的方向是不同的。

真正要教育孩子，往哪一個方向去教育，簡單來講，就是聖人告訴我們的人生的三個目標，也叫「三不朽」。對聖人來講，這是一個最終的目標，第一是立德，第二是立功，第三是立言，這是方向。

首先是立德，就是怎麼做人，真正把人做好了，行得端、坐得正。第二才是立功，我們能做多大貢獻，功成名就。第三才是立言，我的榜樣作用，我的思想、我的境界、我對宇宙自然的認知，在這些方面能傳承下去，這叫立言。

　　聖人的「三不朽」可以作為教子的方向，立德、立功、立言這個方向定好了以後，在教子方面我們就知道往哪裡努力和引導，這一點非常重要。

　　聖人的「三不朽」教育方向，作為《顏氏家訓》第一篇《教子篇》的結束提出來，希望為人父母者好好思考一下，我們怎麼教育孩子，我們應該用什麼樣的方式教育孩子、教化孩子。

　　以上就是《顏氏家訓》的《教子篇》。

明公啟示錄：范明公解讀聖賢家訓【顏氏家訓教子篇】

作　　　者／范明公
出 版 贊 助／徐麗珍
主　　　編／鳳洛
美 術 編 輯／孤獨船長工作室
執 行 編 輯／許典春
企劃選書人／賈俊國

總 編 輯／賈俊國
副 總 編 輯／蘇士尹
編　　　輯／黃欣
行 銷 企 畫／張莉榮・蕭羽猜・溫于閎

發 行 人／何飛鵬
法 律 顧 問／元禾法律事務所王子文律師
出　　　版／布克文化出版事業部
　　　　　　臺北市中山區民生東路二段 141 號 8 樓
　　　　　　電話：(02)2500-7008 傳真：(02)2502-7676
　　　　　　Email：sbooker.service@cite.com.tw
發　　　行／英屬蓋曼群島商家庭傳媒股份有限公司城邦分公司
　　　　　　臺北市中山區民生東路二段 141 號 2 樓
　　　　　　書虫客服服務專線：(02)2500-7718；2500-7719
　　　　　　24 小時傳真專線：(02)2500-1990；2500-1991
　　　　　　劃撥帳號：19863813；戶名：書虫股份有限公司
　　　　　　讀者服務信箱：service@readingclub.com.tw
香港發行所／城邦（香港）出版集團有限公司
　　　　　　香港九龍九龍城土瓜灣道 86 號順聯工業大廈 6 樓 A 室
　　　　　　電話：+852-2508-6231　　傳真：+852-2578-9337
　　　　　　Email：hkcite@biznetvigator.com
馬新發行所／城邦（馬新）出版集團 Cité（M）Sdn.Bhd.
　　　　　　41，JalanRadinAnum，BandarBaruSriPetaling，
　　　　　　57000KualaLumpur，Malaysia
　　　　　　電話：+603-9057-8822 傳真：+603-9057-6622
　　　　　　Email：cite@cite.com.my
印　　　刷／韋懋實業有限公司
初　　　版／2024 年 1 月
定　　　價／420 元
Ｉ Ｓ Ｂ Ｎ／978-626-7337-76-9
Ｅ Ｉ Ｓ Ｂ Ｎ／978-626-7337-75-2(EPUB)

城邦讀書花園　布克文化
www.cite.com.tw　WWW.SBOOKER.COM.TW